The Education of Children

儿童教育心理学

【奥】阿尔弗雷德·阿德勒（Alfred Adler） 著
张婷婷 译

名家推荐

正面管教是基于阿德勒心理学的理念建立起来的。这本书可以帮助家长、老师和其他儿童教育工作者理解儿童的整体性——不仅仅是他们的行为,还有他们行为背后的信念。张婷婷女士是一位正面管教高级导师,这几年一直在践行阿德勒的核心理念。她深刻地领悟到,只有理解了阿德勒的思想源头,正面管教才能从更深层次发挥作用。

——简·尼尔森
正面管教创始人

这本书包含了许多智慧,帮助父母、教师和其他与儿童打交道的专业人士。这本书不仅为理解儿童的个性发展、儿童如何经常与自卑和不足的感觉斗争提供基础,也为父母、教师和儿童教育工作者如何支持儿童的学习和发展提供了方法。这本书能够翻译成中文是无价的!

——泰瑞·科特曼
阿德勒游戏治疗创始人,美国注册游戏治疗督导

阿德勒的《儿童教育心理学》是关于儿童最有洞察力的书籍之一,它将儿童、儿童发展和儿童行为以整体的方式呈现。阿德勒认为,每个儿童既是家庭和社会的产物,也是家庭和社会的贡献者;

儿童是在最广泛的社会背景下的一个自我创造者。这本书还倡导家长和教师成为儿童健康发展的积极参与者。我很高兴地得知，中国的家长、老师、辅导员和家庭教育者现在都可以买到这本永恒的书。

——玛丽娜·布鲁斯丁
国际个体心理学学会（IAIP）主席，
北美阿德勒心理学会（NASAP）认可专家

培养儿童成为未来文明社会的贡献者是父母和其他儿童工作者最重要的任务之一。阿德勒的著作《儿童教育心理学》是帮助儿童教育工作者理解他们这一任务的最有价值的资源。这本书能够被翻译成中文实在是太幸运了！

——保罗·R. 拉斯马森
北美阿德勒心理学会（NASAP）认可专家

《儿童教育心理学》是父母、教师、心理咨询师以及任何想要影响儿童人生的人士的必读之作。阿德勒的思想和洞察在今天仍然适用。祝贺张婷婷女士将这本书翻译成中文。她对阿德勒心理学的理解可以确保阿德勒深入的理念得以有效传递。

——乔·斯佩里
北美阿德勒心理学会（NASAP）认可专家

这本书会让我们从儿童的人格统一性，儿童的内驱力（自卑感与追求卓越），儿童的人生目的和社会性等多个角度解密了儿童发展，为人师、为人父母都值得认真学习。

——李浩英
中国家庭教育学会理事

重视孩子的心理健康、心理健康教育要从儿童抓起，是新时代学校及家庭教育的共识。《儿童教育心理学》作为阿德勒个体心理学应用在儿童教育领域的专著，能有效帮助我们改变传统的教育观念，从心理的角度理解孩子、帮助孩子，陪伴孩子成长。本书译者张婷婷女士是深圳外国语学校杰出校友，近十年来投身儿童教育及家庭教育研究与实践。《儿童教育心理学》是张婷婷女士用语言搭建桥梁、引入先进教育理念并结合本土化落地应用的智慧与心血结晶，相信一定能使广大家长、教师和儿童教育工作者受益，为孩子的健康成长与终身发展奠定坚实基础。

——龚国祥
深圳外国语学校创校校长
深圳经济特区建立40周年40位创新创业人物和先进模范人物

目 录

Chapter 1
导 读   1

Chapter 2
人格统一性   15

Chapter 3
追求优越   25

Chapter 4
正确引导儿童追求优越   43

Chapter 5
自卑情结   55

Chapter 6
帮助儿童预防自卑情结   69

Chapter 7
社会感及其发展的阻碍   85

Chapter 8
儿童在家庭中的位置：心理处境和补救方法   101

Chapter 9
　　用新环境考验儿童是否做好准备　　111

Chapter 10
　　学校里的儿童　　123

Chapter 11
　　外在环境对儿童的影响　　141

Chapter 12
　　青春期和性教育　　155

Chapter 13
　　教育方法中的错误　　169

Chapter 14
　　对父母的教育　　179

附录 1
　　个体心理学问卷调查　　188

附录 2
　　五个案例的陈述及分析　　195

Chapter *1*

——

导 读

从心理学的角度来看，对成人而言，教育问题可以归结为自我认识和用理性进行自我指导的问题；对儿童而言，教育问题也是如此。但是，儿童和成人还存在着这样的差异：由于儿童仍未发育成熟，而成人本身有一定的自我指导能力，所以成人对儿童的引导显得尤为重要。如果可以拥有两万年的时间和有利的环境，只要愿意，我们完全可以让孩子自主地发展，他们最终也会达到成人的文明水平。当然，这种方法是不可能实现的，因此成人必须关注和引导儿童的发展。

这里面最大的困难是成人缺乏引导儿童的正确知识。对成人来说，了解自己、情绪产生的原因以及好恶——简而言之，要了解自己的心理已属不易，更何况要理解儿童，还要用正确的知识引导儿童，更是难上加难。

个体心理学特别注重儿童的心理，既因为儿童的心理本身很重要，也因为我们能借助儿童的心理去认识成人的性格特征和行为。与其他心理学方法不同的是，个体心理学不存在理论和实践之间的脱节。个体心理学专注于人格的统一性，并研究人格在努力追求自身发展和表达时所展现的动力。从这种角度来看，个体心理学中所包含的科学知识本身就是实践的智慧，因为这些智慧来源于对人们错误行为的总结。无论是心理学家、父母、朋友还是个体本身拥有这种知识，都能立即运用这些知识去指导人格的发展。

个体心理学所采用的研究方法使它的理论学说形成了一个有机的整体。根据个体心理学理论，个体的行为是由统一的人格驱动和指导的，因此个体的行为反映了个体的心理活动。在本篇导读里，我们会对个体心理学做一个整体的概述，而在后面的章节中，我们将对这里提出的各种相互关联的问题做更详尽的论述。

人类发展的一个基本事实是，人的心理活动是一种充满活力、有目的的追求。从出生那一刻起，人类就在不断地追求发展，追求伟大、完美和优越。这种追求是在无意识中形成的目标，且无时不在。它反映出人类独特的思考力和想象力，主宰我们一生中所有的具体行为。它甚至主宰我们的思想，因为我们的思维并不是客观的，而是按照已经形成的生活目标和生活风格而进行的主观思考。

人格统一性隐含在每个人的身上。每个个体既展现出人格的统一性，又展现出他如何用独特的方式塑造出这种人格统一性。因此,每个人既是一幅画,又是这幅画的画家。他是自己人格的画家。但作为一个画家,他既无精湛画技,也不能对自己的灵魂和肉体拥有完整的认知——他只是一个软弱、极易犯错和不完美的人。

在考察人格的建构时,需要特别注意的是,人格的统一性、每个人的生活风格和目标并不是建立在客观事实的基础上,而是建立在个体对生活事实的主观看法上。人对客观事实的看法和观点,绝不等同于事实本身。因此,生活在同一个世界里的人,才会以不同的方式塑造自己。每个人都根据自己对事物的看法来进行自我规划,这些看法有的合理,有的不合理。在一个人的发展过程中,我们必须要认真考察个体在成长过程中遭遇的错误和失败,特别是在童年早期对事物形成的错误理解,因为这些错误理解会影响到他后来的人生轨迹。

这里我们来举一个例子。有一个52岁的妇女,她总是没完没了地贬低年龄比她大的女性。她回忆起小时候,因为有一个被所有人关注的姐姐,所以她总感到被羞辱和不受重视。用我们个体心理学中所说的"纵向"的观点来探讨这个例子,可以看到,她的人生从童年时期到生命的后期阶段,都存在着相同的心理机制和心理动力。她总害怕自己被别人轻视,总因为别人受到偏袒或偏爱而感到愤怒。因此,即便对这个女人的生活或人格统一性一无所知,我们依然可以根据她描绘的事实而对她有所了解。在这里,心理学家就像一位小说家,他以一条明确的行为主线、一种生活风格或行为模式来构建人物，以确保人格完整的统一性。好的心理学家甚至能够预测这个女人在特定情境下的行为，并清楚地描绘出，如果以童年事件作为"生命线"，她会发展出什么样的人格。

个体的追求或实现目标的活动构建了个体人格，同时也假设了个体身上存在另一个重要的心理学事实，那就是自卑感。所有儿童都有一种与生俱来的自卑感，它激发了儿童的想象，促使他们试图改善处境来消除心理上的自卑感。境况的改善会减弱一个人的自卑感，心理学上把这种现象称作心理补偿。

关于自卑感和心理补偿机制，有一点很重要，那就是这两者会大大提高犯错误的可能性。自卑感可能会促使个体去实现目标，但也可能导致个体只是单纯地进行心理调适，从而扩大个人与客观现实之间的差距。自卑感也可能给人带来巨大的不幸，以至于克服它的唯一方法是发展心理补偿的特性，这些特性虽然无法从根本上解决问题，但对个人来说是必不可少且无法避免的。

例如，有三种类型的儿童非常明显地表现出补偿性的心理特征：生来体质衰弱或有天生器官缺陷的儿童、从小被严厉对待或没有感受过父母关爱的儿童，以及被过度骄纵的儿童。如果我们以这三类儿童的发展为参考，就可以更好地研究和理解一般儿童是如何发展的。并非每个孩子都天生残疾，但令人惊讶的是，很多儿童都不同程度表现出由某些身体障碍或器官衰弱引发的心理特征——它们最早在研究有器官缺陷的儿童的极端案例中出现。至于另外两类儿童（被严厉对待和被过度骄纵的儿童），实际上，我们发现所有儿童都在某种程度上属于这两者之一，甚至两者兼而有之。

上述三类儿童都会产生不足感和自卑感，并由此激发出一种超越自我极限的野心。自卑感和追求优越是人类生活中同一基本事实的两个方面，因此它们是不可分割的。在精神病学上，我们很难说过度的自卑感和过于追求优越，这两者到底哪个更有害。它们在某种程度上以有规律的方式成对出现。我们发现儿童过度自卑会激发过分的野心，那野心就像灵魂中的毒药，使儿童永不满足。这种不满足感并不会促使他们去做对自己身心有益的事，而且因为它源于过分的野心，只会导致他们做的事徒劳无果。这种野心也会扭曲儿童的性格和个人举止，并不断刺激儿童，使其变得极度敏感并时时保持警惕，以免自己受伤或被他人轻视。

在这种心理下长大的人——个体心理学的病患史上有很多这样的人——他们的能力会处于停滞状态，变得"神经紧张"或古怪。当这类人走向极端时，最终会走向犯罪，变得不负责任，因为他们只考虑自己而不顾他人。从道德和心理的角度来说，他们会陷入绝对的自我中心主义。我们还会发现，他们中的一些人会回避现实和客观事实，甚至为自己构建一个新世界。他们会做白日梦，把幻想当作现实，以此创造一种心理上的平静。其实他们只是希望通过心灵的形象来建构现实,从而达到现实与心灵的和解。

儿童或个体所表现出来的社会感的程度,是判断一个人发展程度的标准。这个标准需要心理学家和父母的关注。社会感是个体正常发展的关键和决定因素,也是儿童正常发展程度的晴雨表。因此,每一个削弱社会感或共同体感的因素都会对孩子的心理成长产生巨大的不良影响。

个体心理学的教育方法正是围绕社会感这一原则发展起来的。父母或监护人不应该让儿童仅仅和一个人建立紧密的联系。如果是这样,儿童必将无法为未来的生活做好充足的准备。

测量儿童社会感的发展程度,有个好方法就是观察儿童的入学表现。进入学校之后,儿童就会面临他最早和最严峻的一个考验。学校对孩子来说是一种新环境,它将揭示儿童为面对新情况特别是结识新朋友做了多少准备。

人们普遍不知道如何帮助儿童做好充分的入学准备,这也是为什么那么多成人在回顾学校岁月时,将它看作一场噩梦。如果学校教育得当,常常可以弥补儿童早期教育的不足。理想的学校应该是家庭和广阔的现实世界之间的媒介,它不应该只是传授书本知识,更应该传授生活的学问和生活的艺术。但是,在等待理想的学校来弥补家庭教育不足的同时,我们也可以讨论父母教育中存在的弊端。

正因为学校尚未达到理想的状态,所以它尤其可以使家庭教育的弊端显露出来。如果父母不教儿童如何与他人交往，那么他们在入学时会感到孤立无援，以至于他们会被认为是孤僻的，而这样的看法反过来又进一步强化他们的孤僻倾向。他们的正常发展会受到阻碍，成为有行为问题的儿童。遇到这种情况，人们常把问题归咎于学校，尽管学校在这里只是揭示了家庭教育中潜在的缺陷而已。

有行为问题的儿童能否在学校取得进步，个体心理学对此尚无定论。不过可以确信的是，当一个孩子开始在学校遭遇失败时，这是一个危险的迹象。与其说是学习失败的迹象，不如说是心理失败的迹象。这意味着儿童开始对自己失去信心，出现了受挫的情绪，开始回避有益的人生道路和正常的人生任务，并努力搜寻更自由也更容易成功的道路。失去信心的儿童没有选择社会认可的路，而是选择了一条自己的路，这条路可以让他获得优越感并以此来弥补自卑。他选择了最能吸引受挫人士的道路——这条道路能够最快地获得心理上的成功，与走社会认可的道路相比，抛弃社会和道德责任、违法犯罪等行为更容易展现出一个人的自我，并带来一种征服者的感觉。但是，选择这条通往优越的道路显示出这些人内在的懦弱，无论他们的外在行为表现得如何英勇无畏。他们总是做那些十拿九稳的事情，来借此显示他们的优越感。

正如我们能看到罪犯们尽管表面上胆大妄为，内心却脆弱不堪，我们也能看到，表面看起来十分鲁莽的儿童是如何通过各种细小的迹象暴露出他们的虚弱感。我们会看到,很多儿童不能挺直腰杆,总要依靠着什么东西才能直立(在这方面,成年人也一样)。这时候用传统的方法去治疗和理解这些迹象,是治标不治本的。人们以前常对这样的儿童说:"站直了。"其实,重点并不是儿童做出依靠的动作,而是他希望在心理上得到支持。通过惩罚或奖励,我们很容易说服儿童放弃这种软弱的表现,但他对心理支持的巨大需求并没有得到满足。问题的根源还在。一个好的教育者能够读懂这些迹象,并通过同情和理解去解决问题的根源。

通常来说,我们可以通过单一的迹象对儿童的心理素质或性格特征做出判断。比如上面的例子,如果儿童过于喜欢把身体依靠在某些东西上,这说明他可能带有焦虑和依赖等特性。通过和熟知的研究案例进行比较,我们可以推断出他的人格,并且很容易判断出这是一个被骄纵的孩子。

现在来看看另一类儿童,也就是那些缺少父母关爱的孩子的性格特征。通过研究作恶多端者的生平,我们可以观察到这一类儿童的性格特征,只不过他们把这种性格特征发展得更加极致。在此类人的人生中,有一件事很值得注意,那就是他们小时候都曾受到十分粗暴的对待。长此以往,他们发展出冷酷、充满嫉妒和仇恨的性格。他们见不得别人幸福。带有这种嫉妒心态的人不仅存在于作恶多端者中,也存在于常人之中。这些人在抚养自己的孩子时会认为,孩子不应该比他们自己的童年过得更幸福。这种观点不仅被父母运用在自己的孩子身上，也被监护人应用到他们照顾的别人的孩子身上。

上述观点和想法并非出于恶意，它们只是反映了从小被严加管教的人的心态。这类人能说会道，例如他们会说："孩子不打不成器！"他们会举出无数证据和例子为自己的行为辩护，但并不能完全说服我们，因为严厉专制的教育必定会使孩子和他的教育者彼此疏远，这样的教育徒劳无益。

通过考察各种症状并把它们相互关联进行分析，心理学家可以在若干次实践之后构建出一个人格系统，借助这个系统，个体潜藏的心理过程就可以被揭示出来。虽然我们用这个人格系统所考察的每一方面，都反映出被考察者人格的某些性格特征，但只有在每次考察都得到同样的性格特征时，这个构建才是令人满意的。因此，个体心理学既是一门艺术，也是一门科学，需要再三强调的是，这些推测的方案和概念体系不应以呆板和机械的方式生搬硬套在个体身上。在所有考察中，首要的研究重点是个体。我们不能从个体的一些个别表现就得出意义深远的结论，而必须寻找所有可能支持的证据。只有成功地证实我们的假设，在个体行为的其他方面也找到同样固执和受挫的特性时，我们才能肯定地说，他整个人的个性特征中包含固执和受挫。

关于这一点必须要记住，我们的研究对象并不了解他自己的行为表现，因此他无法隐藏真实的自我。一个人的人格不是通过他说的话或者对自己的想法而揭示出来的，而是根据他在不同环境下的行为解读出来的。这并不是说他故意要撒谎，而是我们要认识到，一个人有意识的想法和无意识的动机之间存在着巨大的鸿沟，只有通过一个客观但富有同情心的旁观者，才能最好地弥合这个距离。这个旁观者，无论他是心理学家、父母还是老师，都应该学会在客观事实的基础上解读个体的人格，这些客观事实体现了个体带有目的性的追求，同时，这种追求某种程度上也是无意识的。

因此，每个人对于个人的三个基本问题和社会生活的态度，要比对其他任何问题的态度更能显示出他的真实自我。第一个问题是社会关系，我们之前在个体对生活事实的客观和主观看法中讨论过这一点。除此之外，社会关系也表现为一种特定的任务，即结交朋友和与人相处。个体如何解决这个问题？他的答案是什么？当一个人认为，他可以毫不关心朋友、社会关系，用毫不关心的态度来回避这个问题，那么冷漠就是他对这个问题的全部回应。从这种冷漠中，我们知道他的人格方向和人格结构。此外，社会关系并不仅仅局限于结交朋友和与人相处，还包括友情、同志之情、诚实和忠诚等抽象品质。个体对社会关系问题的答案，表明了个体对所有这些品质的态度。

第二个基本问题是，个体想要如何度过自己的一生，也就是个体希望在社会的劳动分工中承担哪些部分。如果社会问题由多个个体的存在决定，由"我—你"关系决定，那我们同样可以认为，这个问题由"人类—地球"的基本关系决定。如果把人类的数量减少至一个人，这个人就会和地球相互影响。他想从地球上得到什么？就像在第一个基本问题里那样，第二个问题——个人的职业问题——不是单边的或一个人的问题，而是整个人类与地球之间的问题。它是一种双边关系，在这种关系中，人类不能完全按照自己的想法行事。因此，成功不是由个人意志决定的，而是与客观现实有关。基于这个原因，个体对职业问题的回答以及他实现职业的方式，能很好地揭示他的人格和对生活的态度。

由于人类被分为两种性别，这就产生了第三个基本问题——我对异性的立场是什么。这个问题的解决方案同样不是一件私人、主观的事情，而必须按照这种关系内在的客观逻辑来解决。如果把这个问题看作一个典型的因人而异的观念问题，这是错误的。只有仔细思考所有与两性关系相关的问题，才能找到正确的解决方案。我们甚至可以这么认为，人格的缺陷在一定程度上体现为无法正确解决爱情和婚姻的问题。同样，我们也可以从人格的缺陷出发，来解释此人错误应对两性问题的诸多有害后果。

因此，从一个人回答以上三个基本问题的方式，我们就能发现他的总体生活风格和特定目标。目标是无所不能的，它决定了一个人的生活风格，并反映在他的每一个行为中。因此，如果一个人的目标是努力参与人类活动、追求生活中有益和建设性的一面,那么这个目标将明显地体现在他解决所有问题的方案上。这些解决方案都将反映出这种建设性和积极性,而且在进行这些活动的同时,他会体验到幸福感、价值感和权力感。如果一个人的目标指向消极的一面,指向生活中自私和无益的一面,他会发现自己不仅无法解决这些基本问题,也无法体会到妥善解决问题所带来的快乐。

这几个基本问题息息相关。在社会生活的过程中,这些基本问题会衍生出特定的任务。这些任务只有在社会环境或共同体环境中,即个体具备社会感的基础上才能妥善完成,这也使得基本问题之间的联系变得更加紧密。这些任务开始于童年时期的最初几年,在那几年,我们用来看、说、听的感觉器官在社会生活的刺激下同步发展,在与兄弟、姐妹、父母、亲戚、熟人、朋友和老师的关系中发展。这些任务以同样的方式贯穿人的一生,所以一个脱离了社会的人是一个失败的人。

因此个体心理学坚信,对社会有益的东西是"正确的"。它认识到,任何背离社会标准的行为都是"不正确的",并且会与客观规律和客观现实的需要产生冲突。这种与客观性的冲突首先使背离社会标准的人感到自己毫无价值,甚至会带来更强烈的负面能量,这股能量多出现在那些因为感到愤愤不平而报复他人的人身上。最后我们还可以说,每个人自觉或不自觉地在内心深处怀有一种社会理想,如果有人背离了社会标准,就是背离了他内在的社会理想。

个体心理学严格强调把社会意识用于检测儿童的发展程度，这种测试可以很容易理解和评价儿童的生活风格。因为一旦儿童面临生活问题，就像在接受考验一样，他会暴露出自己是否为此"正确地"做好了准备。换句话说，他将展示出自己是否具备社会感、勇气和理解力，以及总体而言，是否追求对社会有益的目标。然后，我们试图找出他在追求目标的过程中所呈现的形式和节奏、自卑感的程度和社会意识的强度。这些东西紧密相连，相互渗透，从而形成一个牢不可破的有机统一体，直到统一体中出现结构的缺陷，新的统一体才会开始重建。

Chapter 2

———

人格统一性

儿童的心理活动是一件很奇妙的事，无论从哪个方面去研究，它都使人着迷。最值得注意的是，人们必须展开儿童的整个生活画卷，才能了解其中发生的具体行为。每个行为似乎都表达了孩子的总体生活和个性，如果不了解隐藏在行为背后的背景，就难以理解这些行为。这种现象我们称之为人格统一性。

人格统一性的发展，就是把人的行动和表达协调成单一模式的过程，它从儿童早期就已经开始了。生活的要求迫使儿童以一种统一的方式做出反应，面对不同情形的统一应对方式不仅构成了儿童的性格，而且使他的每个行为都个性化，从而区别于其他儿童的类似行为。

人格统一性这一事实通常被大多数心理学学派忽视，即便有些学派略有提及，它也没有得到应有的关注。因此，我们经常在心理学理论和精神病学治疗技术中发现，一个特定的手势或表达方式会被单独挑出来考察，仿佛它是一个独立体。有时这样的手势或表达方式被称为情结，其理论假设是，把它们从个体的其他活动中抽离出来做单独的考察是可行的。但这样的过程好比从完整的旋律中挑出一个音符，让人试图脱离组成旋律的其他音符，去理解这一音符的意义。这种做法不恰当，却很普遍。

个体心理学对此持反对态度，因为一旦这种错误做法被应用于儿童教育，会造成十分严重的后果。惩罚理论中就存在着这类后果。当孩子做了会招来惩罚的事情时，通常会发生什么呢？确实在某种意义上，惩罚理论通常会考虑惩罚对孩子的人格留下的总体印象，但这样的做法往往弊大于利，因为如果孩子经常犯同一个错误，老师或父母容易带着偏见去看待他，并认为他是不可救药的。同样，如果一个孩子在其他方面都表现得很好，基于这种总体印象，人们倾向于从宽处理他所犯的错误。然而在这两种情况下，我们都没有找到问题的真正根源，而应该基于对儿童人格统一性的全面理解去寻找问题的根源。这种做法如同在整段旋律中单独提取一个音符来理解它的意义。

当问一个孩子为什么懒惰时，尽管前因后果很重要，但我们不能指望孩子知道答案，也不能期望他告诉我们撒谎的原因。千百年来，深谙人性的苏格拉底说的那句话一直在我们耳边回响："了解自我是多么地困难啊！"即使对心理学家而言，这个问题也很难，我们又有什么权利要求一个儿童回答如此复杂的问题？要想理解个体单个行为所表达的意义，前提是掌握理解整体人格的方法。这并不是说要描述儿童所做的事情以及他如何行动,而是要了解他用什么样的态度来应对所面临的任务。

下面的例子会向我们表明,了解孩子的整体生活背景有多重要。一个家庭里有两个孩子,老大13岁,是个男孩。6岁之前,他一直是家里的独生子,在那些年里,他的生活是很美好的。后来妹妹出生了。在这之前,男孩身边的每个人都非常乐意满足他的每一个愿望。母亲无疑对他宠爱有加,父亲是个性情温和、安静的人,也很享受儿子对他的依赖。因为父亲是一名军官,经常离家在外,所以儿子和母亲的关系自然变得更亲近。母亲是个聪明善良的女人,虽然儿子很依赖她,又固执,但她依然满足儿子的每一个突发奇想。尽管如此,她还是经常对儿子缺乏教养的举止或带有威胁性的行为感到恼火。母子之间的关系变得紧张起来,而这种紧张主要体现为男孩不断地企图欺压母亲,对母亲发号施令,取笑她。总之,男孩随时随地以令人厌恶的方式获取他人的关注。

男孩的行为让母亲很伤脑筋,但因为没有其他特别糟糕的情况,她对此一再容忍,继续帮他整理衣服,辅导功课。男孩坚信母亲会帮助他解决任何困难。毫无疑问,他是一个聪明的孩子,和其他儿童一样受到良好的教育,在他8岁之前,他念小学的这段时间都是很顺利的。但很快,这个男孩发生了巨大的转变,使得他与父母的关系开始恶化。他不仅变得自我放任,还不爱惜自己,母亲对此大为恼火。而且每当母亲不给他想要的东西时,他就揪她的头发、捏她的耳朵或掰她的手指,使母亲不得安宁。他拒绝改正自己的行为,随着妹妹长大,他愈发坚持这套自创的行为模式。妹妹很快也成了他捉弄的对象。虽然他还不至于对妹妹进行身体上的伤害,但很明显,他嫉妒妹妹。当妹妹出生并开始在家庭星座[1]中发挥影响时,他的行为就出现了严重的退化。

需要特别强调的是,当孩子的行为恶化或开始出现某种令人不快的征兆时,我们不仅必须考虑这种状况开始的时间,还要考虑其诱发原因。尽管很难看出为什么妹妹的出生会导致哥哥成为问题儿童,但这种情况确实经常发生,我们认为,正是哥哥对妹妹的错误认知造成了这样的后果。这不是严格的科学意义上的因果关系,我们也许可以断言,当一块石头掉落,它肯定会朝着某个方向以某个速度落下,但不能断言说一个年幼孩子的出生必然导致年长的孩子变坏。不过个体心理学的调查研究使它做出如下断言:心理上的"坠落"并不存在严格的

---

[1] 家庭星座:阿德勒认为家庭是一个动态的整体,一个家庭就像一个星座,每一颗星都是这个星座中重要、独一无二的组成部分,家庭成员的增加或减少的变化就像星座一样在动态变化中互相影响。每一个孩子的出生都为家庭群体带来了一位新成员,而随之出现新的互动模式,但新成员到来后,也会增添他自己对这个互动模式的影响。阿德勒认识到孩子们在家庭中是按照自己努力在群体中寻找一个位置的方式,来塑造自己的人格的发展。家庭中孩子间的年龄差异和手足间的性别差异,都在"家庭星座"中发挥着作用。

因果关系，因为个体犯下的大大小小的错误都会影响他未来的发展。

毫无疑问，人类心理的发展过程中必然会出现错误，导致错误的后果，因此在人生的失败或错误的人生方向中都能看到这些前因后果。这是因为人们在心里设立了目标，而目标的设定涉及人的判断，而判断就意味着犯错误的可能性。设定目标这个行为，在人类生命最初的那几年就已经出现。一般来说，儿童在2岁或3岁时，就开始为自己设定一个追求优越的目标，这个目标永远在前方激励他以自己的方式为之奋斗。目标的设定虽然通常包含了错误的判断，但它或多或少对孩子有约束力。孩子将目标具体化，通过具体的行为安排他的整个人生，从而使人生成为一个不断朝着这个目标奋斗的过程。

因此要牢记，儿童的发展是由他对事物的个性化解释决定的。同样重要的是，我们要意识到每当孩子应对一个新的困境时，他都是基于个人的错误认知去行动的。事情会对孩子造成什么样和什么程度的影响，并不取决于客观事实或境况（例如第二个孩子的出生）本身，而取决于孩子如何看待这个事实。这就足以反驳因果论：必然的联系存在于客观事实与其绝对意义之间，但不存在于客观事实与对事实的错误观点之间。

关于我们的心理活动，有一点值得注意：看待事物的观点而非事实本身决定了我们行动的方向。这一点特别重要，因为我们的活动和人格都是在观点的基础上建立起来的，并受其制约。恺撒在埃及登陆上岸时发生的事情,是主观思想对人类行为发挥作用的一个经典例子。恺撒跳上岸时,绊了一脚,摔倒在地。罗马士兵们把这当作一个不祥的预兆,尽管他们很英勇,但要不是恺撒伸出双臂大喊一声"你属于我了,非洲",恐怕他们早就掉头往回走了。由此可以看出,现实和行为之间的因果关系微乎其微,而现实所产生的影响是被一个结构清晰、整合良好的人格塑造和决定的。这一点同样适用于大众心理及其与理性的关系,如果大众心理让位于常识的理性,并不是因为这两者的出现都由发生的事实决定,而因为它们都是自发产生的观点。通常来说,人们只有在尝试了错误的观点之后,常识的理性才会出现。

回到之前那个男孩的故事,可以说,男孩很快就发现自己陷入了困境。人们不再喜欢他,他在学校里没有取得进步,但仍我行我素。他总是打扰别人,而这已经完全成为他人格的代名词。结果怎样呢?只要他打扰别人,就会立即受到惩罚。他可能会收到不良行为的反馈报告,或者学校会寄一封投诉信给他父母。事情就这样发展下去,直到最后学校劝父母让他退学,因为他似乎不适合学校生活。

对于这个结果,也许没有人比这个男孩更开心了。因为他别无所求,一心只想退学回家。他行为模式的逻辑一致性再次体现在他的态度上。诚然这是一种错误的态度,可一旦形成,就会持续显现。他犯的一个基本错误就是,他把永远成为众人的焦点设为自己的目标。如果这个男孩因错误而受到惩罚，我们应该依据这个错误来分析。正是由于这个错误，他不断想方设法让母亲服侍他。也正由于这个错误，他表现得像一个在8年的绝对掌权之后突然被剥夺了王位的国王。在被废黜王位的那一刻之前，他和母亲是彼此的唯一存在。可妹妹来了，于是他拼命想夺回失去的王位。这又是他的另一个错误，但我们必须承认，这样的错误本质上没有任何恶意。当儿童面对一个他完全没有做好心理准备接受的环境，也没有人给予他任何指导，那么当他做斗争时，恶意就开始出现。对孩子来说，他过去一直生活在备受瞩目的环境中，突然间这些关注都消失了。因为在学校里，老师必须把注意力分给许多人，当一个孩子要求得到额外的关注时，老师会感到十分厌烦。这对被骄纵的孩子来说是充满危险的。但在一开始，孩子绝非出于恶意，也远远不到无可救药的地步。

可以理解的是，在这个男孩的例子中，他个人的生活计划和学校要求的生活计划之间产生了冲突。如果通过图解的方式来描绘孩子人格的方向和目标以及学校设定的目标，我们会发现这些目标是完全相背离的。但孩子生活中发生的每件事都由他的目标决定，可以说，在他的整个人格系统中，除了朝着这个目标前进之外，便没有其他动向。然而，学校却期望每个孩子都有一个正常的生活方式。因此，冲突是不可避免的，但学校没有认识到个体在这种情况下的心理状况，既没有对它加以考量，也没有试图消除冲突的根源。我们知道，这个男孩的内心被一个最迫切的欲望驱使，那就是让母亲只为他一人服务。他的心理活动主要聚焦在这一点：我一定要支配我的母亲，我必须是唯一占有她的人。但他还应该做好其他事情，比如独立做事、整理好课本和文件、把自己的东西都收拾妥当。这就好像有人给一匹狂野的赛马套上一驾马车。

男孩在这种情况下怎么可能会有好的表现？如果我们了解了真实情况，就会给予他更多的同情。在学校里，惩罚那个男孩没有用，因为这会让他坚信学校不是他的容身之处。如果学校把他开除或者要求父母把他带走，男孩就离他的目标更近了。那错误的认知和诠释让他仿佛身陷囹圄，他却觉得自己大获全胜，因为他现在可以真正地把母亲掌握在手中——她必须再次全心全意把精力放在他身上，而这正是他想要的。

当我们认识到事情的真实面貌时，必须承认，给孩子挑错或惩罚孩子是没有用的。例如，孩子忘记带书——如果他记得带书那反倒是个奇迹，因为如果忘记带书就可以让母亲为他操心。这样的行为不会孤立存在，它是整体人格的一部分。我们要记住，一个人的所有人格表现都具有一致性，所以这个男孩只是在按照他的生活风格行事。他始终如一地按照他的人格逻辑行事，这同时也反驳了别人对他的猜测：有人认为他无法完成学业是因为智力低下，但智力低下的人是无法遵循自己的生活风格行事的，所以这个男孩的智力正常。

这个非常复杂的例子提出了另一个问题。我们每个人的处境都和这个男孩有些相似，那就是，我们的生活计划、对生活的解释从来不可能与既定的社会传统完全一致。在旧社会，人们认为社会传统神圣不可侵犯，然而现在我们认识到，人类的社会制度没有任何神圣或固定的东西。社会制度在不断发展，个体在社会中的斗争是这个发展过程的原动力。社会制度是为了个体利益而存在的，而非个体为了社会制度而存在。确实，个体的心灵救赎在于个体具有社会意识，但有社会意识并不意味着强迫个体接受千篇一律的社会模式。

从个体心理学理论的基础出发思考个体与社会的关系，这种思维模式特别适用于学校制度，也适用于治疗心理失调的儿童。学校必须学会把孩子看作一个拥有独立人格的人，去培养和发展他的价值；同时，学校必须学会从心理学的角度来判断儿童特定的行为。就像我们说过的，这些特定的行为不能被看作单个的音符，而要被放入整个旋律即人格统一性的背景中去理解。

《童年的秘密》
[意] 玛利亚·蒙台梭利 著

《教育的真谛》
[英] 尼古拉斯·泰特 著

《教育与美好生活》
[英] 伯特兰·罗素 著

扫一扫
免费收听

一代心理学大师
阿德勒是如何炼成的?

Chapter 3

追求优越

除了人格统一性，人性最重要的心理事实就是人会追求优越和成功。这种追求与自卑感有着直接的联系，因为如果我们没有自卑感，就不会有任何突破当前处境的愿望。对优越的渴望和自卑感这两个问题，实际上是同一心理现象的两个方面，但为了便于阐述，我们会把它们分开讨论。在这一章中，我们将谈论追求优越及其对教育的重要性。

关于追求优越，人们可能首先会问，它是否像我们的生物本能一样是与生俱来的。基于个体心理学的理论，我们必然给出的答案是，这个假设发生的概率极小。我们并不认为对优越的追求是与生俱来的。然而，我们必须承认这种追求有生物学的根基，有了这种根基，人才有发展的可能性。或许最好的说法是：人性与追求优越的发展息息相关。

我们知道，人类的活动局限在某些领域范围内，有些能力是永远无法发展出来的。例如，我们永远不可能拥有像狗那样的嗅觉能力，我们的眼睛也不可能感知光谱中的紫外线。但是，某些功能性的能力是可以进一步发展的，而正是在这种进一步发展的可能性中，我们看到了追求优越的生物学根源和人格的心理发展根源。

就我们所知，这种在任何情况下都要追求优越的强烈欲望，在儿童和成人身上很常见，我们没有办法消除它，因为人性无法容忍长久的屈服；人类甚至推翻了他们的神。羞辱感和被贬低感，不安全感和自卑感，总会引起人类超越当前现状的欲望，以获得补偿和达到完满。儿童的某些特点暴露出环境对其产生的作用。环境的力量使儿童产生了自卑感、软弱感和不确定感，这些感受反过来又刺激儿童的整个心理。所以，儿童的目标是将自己从这种状态中解放出来，达到更高的层次，获得一种平等的感觉。儿童发奋向上的愿望越强烈，他设定的目标就越高，他要找到证据来证明自己的力量，然而这个目标往往因为超越了人类力量的极限而难以实现。由于儿童有时能在各方面得到他人的支持，这使得儿童设想自己未来会变得和神一样几乎无所不能。在某种程度上，儿童在这方面的想象往往揭示了这样一个事实：他们认为自己具有神通。内心最脆弱的儿童通常会抱有这种想法。

我们看下面这个案例：一个14岁的孩子有很严重的心理问题。当被问及童年回忆时，他回忆起自己在6岁时还学不会吹口哨，这让他十分难过。然而，有一天当他走出家门，他竟成功地吹起了口哨。他感到非常惊讶，认为是上帝通过他的身体大显神通。这清楚地表明，软弱感与神通的感觉之间存在一种紧密的联系。

对优越感的渴望与一些显著的性格特征有关。通过这种相关性，我们可以观察到一个孩子的进取心和抱负。当这种追求优越的欲望变得异常强烈时，它也总是包含嫉妒的成分。这类儿童很容易养成诅咒竞争对手倒霉的习惯，而且他们不单是诅咒，通常还会造成神经质人格，进而给他人制造麻烦，造成伤害，甚至有时会表现出明显的犯罪特征。这类儿童会诽谤他人、贬低他人、泄露他人的家庭秘密，从而提升自己的价值感，这在有外人在场时表现得尤为明显。他们认为自己总是高人一等，因此不管是抬高自己的价值或贬低他人的价值，只要能达到满意的效果就行。当儿童对权力的渴望变得非常强烈时，这种渴望会表现为恶意和报复。这类儿童总是表现出好斗和挑衅的态度，外表则表现出目露凶光、勃然大怒、随时准备和想象中的对手战斗。对于想要获得优越感的孩子来说，参加考试是极其痛苦的事情，因为这样很容易对外暴露出他们认为自己没有一点价值。

这一事实表明，学校有必要对考试做出调整以适应儿童的心理特性。考试对每个孩子的意义不尽相同。我们经常会发现，考试对于一些孩子来说是一个巨大的负担，他们会脸色忽红忽白，开始说话结巴，身体颤抖，羞耻和恐惧使得他们无法行动,头脑一片空白。因此,有些儿童在回答问题时只能人云亦云,否则根本无法单独作答,因为他们怀疑有人在观察自己。这种优越感也会在游戏中表现出来。优越感很强的儿童,如果玩马车和车夫的游戏,他们不会愿意其他人扮演车夫而自己扮演马车的角色。他们总想自己成为车夫,成为指挥和决定方向的人。但是,当他因为之前当过车夫而不被允许再次扮演这个角色时,他会去干扰别人的游戏,并以此为乐。如果他再因多次失败而感到受挫,那他的进取心也会大受打击。因此,任何新的情况都只会使他退却,而不是激励他继续前进。

那些依旧雄心勃勃,还没有遭遇过受挫感的儿童,他们会喜欢各种带有竞争性质的游戏,也会在失败时表现得惊慌失措。我们通常可以依据这类儿童喜欢的游戏、故事、历史人物和现实人物,推断出他们对优越感的追求程度和方向。很多成年人崇拜拿破仑,他非常适合被有进取心的人当作榜样。白日梦中所展现出的妄自尊大,其实是一种强烈的自卑感,这种自卑感刺激在生活中受挫的人在现实之外寻找满足感和陶醉感。类似的事情不仅发生在白日梦中,也经常发生在睡梦中。

通过观察儿童在追求优越感时的不同走向,我们可以对其进行类型划分。当然,我们不能划分得很精确,因为儿童在追求优越感时的表现有太大的差异,而且这种差异主要取决于儿童的自信程度。身心正常发育的儿童,会把对优越的追求引向有益的方面:他们努力获得老师的好感,让自己变得干净整齐,变成正常的学校青年。然而从我们的经验来看，这种情况只占少数。

还有一些儿童的目的就是要超越他人，并表现出一种令人不解的执着。在这样的努力中，儿童常常具有过分的进取心。我们很容易忽视这一点，因为我们习惯于把有进取心视为一种美德，认为它能激励孩子更加努力。这通常是错误的观念，因为过分的进取心会阻碍儿童的正常发展。进取心膨胀会给孩子带来一种紧张的心理状态，孩子可以在一段时间内忍受这样的感觉，但时间久了就不可避免地会变得过度紧张。因此，孩子可能会花过多的时间在家里读书，继而影响其他活动。这样的孩子为了在学校名列前茅，通常会避免面对其他问题。这样的发展无法令人满意，因为在这种情况下，孩子的身心都不能茁壮成长。

这类儿童把超越所有人设为自己的目标，并围绕这样的目标来安排自己的生活，但这种方式并不适合儿童正常成长。这时，我们必须告诉他不要在书本上花太多时间，多到户外走走，和朋友们一起玩耍，多参与其他不同的事情。这类孩子虽然只占少数，但还是会经常出现。

此外，班级里还会经常出现两个学生暗地里相互竞争。只要有机会仔细观察，你会发现，这些相互竞争的孩子偶尔会发展出不太讨喜的性格。他们喜欢嫉妒，这些品质肯定不属于一个独立、能与他人和谐相处的人。他们对其他孩子的成功感到恼火，当其他孩子取得进步时，他们就开始出现神经性头痛、胃痛等症状。当另一个孩子受到表扬时，他们就退缩到一边，当然，他们也不会因此去赞美他人。这只是一种嫉妒的表现，然而它并不能充分展示出孩子具有过分的进取心。

这样的儿童无法与同伴很好地相处。他们想要主导每件事，不愿遵循游戏规则。这导致他们不喜欢和别人玩耍，对同学的态度也非常傲慢。与同学的每一次接触对他们来说都是不愉快的，越是这样，他们就越认为自己高高在上的地位受到威胁。他们认为自己无法获得成功，当感到自己处于一种不安全的氛围中时，他们很容易陷入慌乱。别人对他们的期望，以及他们对自己的期望，都会使他们感到不堪重负。

这些儿童能深切地感受到家人对自己的期望。因为总想着超越别人，成为万众焦点，所以他们怀着兴奋和紧张的心情去完成每一项任务。他们感受到沉重的希望寄托在自己身上，然而只有当情形对自己有利时，他们才会选择负重前行。

如果人类有幸掌握绝对真理，并且能够找到一种完美的方法来避免孩子们遇到这样的困难，那么这个世界上可能就不会出现行为有问题的孩子了。既然我们没有这种完美的方法，也不能给孩子最理想的学习条件，那么很显然，我们让这些孩子承担过度热切的期望是非常危险的。他们面对困难时的感受与那些有着适度进取心的孩子截然不同，这个困难指的是无法避免的困难。我们永远都无法让孩子不遇到困难。其中一个原因是，我们的教育方法无法适用于每个孩子，它需要进一步发展和改进。另一个原因是，过分的进取心会削弱孩子的自信心，导致他没有足够的勇气去克服困难。

进取心过大的孩子只关心最终的结果，也就是别人对他们成功的认可。如果他人不认可自己的成功，这些孩子就无法感到满足。我们知道在许多情况下，当困难出现时，儿童的心理平衡比试图马上解决困难更为重要。一个进取心过大的儿童并没有意识到这一点，他会觉得没有别人的赞扬他就活不了。这种心理导致一个十分普遍的现象，那就是很多人都依赖他人的意见行事。

我们可以举例说明，在生来就有器官缺陷的儿童身上，可以看到在价值判断的问题上保持平衡感是多么重要。当然，这种儿童很常见。许多儿童的左脑比右脑发育得更好，这一点鲜为人知。在我们右撇子盛行的文明中，左撇子儿童会遇到很多困难。因此，我们有必要使用一些方法来确定孩子是右撇子还是左撇子。我们几乎毫无例外地发现，那些在书写、阅读和绘画方面有特殊困难，以及双手不太灵活的儿童中，都可以发现左撇子的身影。要判断一个孩子天生是右撇子还是左撇子，有一个简单但不绝对准确的方法，那就是让孩子十指交叉。惯用左手的孩子通常是左手的大拇指在上。令人震惊的是，很多人都是天生的左撇子，自己却不知道这一点。

当我们对左撇子儿童的历史作大量调研时，会发现以下事实：首先，在右撇子盛行的世界里，这类儿童通常被认为是笨手笨脚的。要理解这种情况，只需要思考一下，当我们已经习惯了靠右行驶的交通时，在一个靠左行驶的国家（例如英国或阿根廷）开车会感到不知所措。如果家庭里其他成员都是右撇子，那么左撇子的孩子会发现自己的处境变得更糟糕，他的习惯对家庭和自己造成了困扰。在学校学习写字时，他的写字能力会处于中等以下水平。因为大家都无法理解个中缘由，所以他经常挨骂，成绩也不好，还经常受到惩罚。而他因为无法解释自己的处境，也只好认为自己在某种程度上能力比别人差。他会觉得自己受到了限制，在某种程度上处于劣势，而且无法与别人竞争。在家里，他也因为笨手笨脚而受到责骂，这进一步加重了他的自卑感。

左撇子并不意味着世界末日，但有很多孩子在这样令人沮丧的环境下放弃了努力。由于不了解实际情况，也没有人向他们解释该如何克服自身的困难，所以他们很难继续坚持下去。因为他们的右手从未得到充分的训练，所以许多人的笔迹很难辨认。其实这个障碍是可以克服的，事实证明，在最好的艺术家、画家以及书写工匠中，很多人都是左撇子。尽管他们天生是左撇子，但他们通过强化训练发展出使用右手的能力。

有一种迷信认为，所有被强迫使用右手的左撇子都会变成口吃。这种迷信可以用这样的事实来解释：这些孩子有时遇到的困难是如此之大，以至于他们失去说话的勇气。这也是为什么在那些表现出其他形式的受挫情绪的人中，左撇子占了很大一部分。另一方面，人们通常发现那些克服了左撇子习惯的人也在人生中取得了很高的成就，这些人通常都是艺术领域的人士。

无论左撇子的这一特征看起来多么微不足道，它仍然教给我们一些非常重要的道理，那就是只有在激发出孩子的勇气和毅力之后，我们才能对孩子的能力做出判断。当我们恐吓孩子，夺走他们对美好未来的希望时，我们也许会认为他们仍有能力继续生活下去，但倘若赋予他们更多勇气，这些孩子就能取得更大的成就。

进取心过大的孩子处境不利，因为人们习惯根据他们是否成功来判断他们，而不是根据他们为了面对和解决困难所做的准备来判断。在当代文明，人们习惯性地关心浅显易见的成功，而不是由内而外的教育。我们知道，轻而易举获得的成功是转瞬即逝的，因此把孩子培养得野心勃勃并没有太大好处。更重要的是，我们要培养孩子勇敢、坚韧和自信的品质，让他认识到失败不应使人气馁，而应该把失败作为一个新的问题来处理。如果老师能够辨别出孩子的努力是否得当，那么孩子会更容易成长和发展。

因此，我们发现，儿童"野心勃勃"等性格特征体现了对优越的追求。有些儿童最初野心勃勃地追求优越，但如果有另一个孩子已经遥遥领先，他们就会放弃这种进取心。所以许多老师都采取这样的做法：用严厉的方式教育那些进取心不够强的孩子，或者给他们打低分，以激发他们潜在的进取心。如果孩子内心还有勇气的话，这种方法偶尔也会奏效。但是，这种方法不推荐在一般情况下使用。因为学习成绩亮红灯的孩子会被这种方法弄得非常困惑，从而变得更加愚笨。

反过来看，如果这类儿童得到成人的温柔对待、关心和理解，会发现孩子的智力和能力有意想不到的提升。的确，被这种方式对待的孩子通常会表现出更大的进取心，这只是因为他们害怕回到过去的状态。他们过去的生活方式和缺乏成就正如警告信号一样，督促着他们前进。在后来的生活中，他们中许多人就像被魔鬼附身一样，日夜忙碌，饱受过度工作的影响，但始终认为自己做得还不够。

个体心理学的主导思想是，不管儿童还是成人，每个个体的人格都是一个统一的整体，我们日益建立起来的行为模式反映了我们的人格。当我们记住这一点时，上述内容就变得清晰多了。脱离个体的人格而去给他单一的行为下定论，是不对的，因为某个特定的行为可以衍生出诸多解释的方式。当我们理解孩子做出某个特定的行为或动作（例如，拖延）只是为了应付学校的任务，那么所有的疑惑都会马上变得清晰。这意味着孩子不想上学，因此他也不愿费心去满足学校的要求。事实上，他会想尽一切方法不服从学校的要求。

从这个角度，我们可以看到"坏"学生的全貌。我们看到，当孩子对优越的追求并非表现在对学校的接受，而是表现在对学校的排斥上时，就会发生悲剧。这时会出现一系列典型的行为症状，这些症状会逐渐变得无可挽回，并造成行为倒退。比如，孩子可能会变成班级小丑那样的人，经常搞恶作剧，引人发笑，无所事事。他还会去惹怒同学，逃学旷课，与品行不端的人为伍。

于是我们看到，不仅仅是孩子在学校的命运，包括他们个人未来的发展，都掌握在我们手中。学校提供的教育和训练以一种至关重要的方式决定了个人的未来生活。学校是家庭到社会的过渡。学校有机会纠正在家庭养育下形成的错误的生活风格，也有责任让孩子为适应社会生活做好准备，并确保孩子在社会这个大乐章中，用和谐的方式唱出自己的音符。

如果从历史的角度来看待学校所发挥的作用，我们会看到，它总是试图按照当时的社会理想来培养人才。按照历史发展顺序，学校的制度先后经历了贵族制、宗教制度、资产阶级制度、民主制度，它总是按照时代和统治者的要求来教育孩子。在当下，学校必须适应社会理想的变化而做出调整。因此，如果今天代表社会理想的成人是独立、自主和勇敢的人，那么学校必须做出调整，并以此为目标来培养人才。

换句话说，学校不是孩子学习成长的最终目的，学校是为社会，而不是为自身培养人才。因此，对于那些放弃把模范学生当作理想的孩子，学校不能忽视他们。这些孩子的优越感不比其他孩子少。他们可以把注意力转移到其他不必过于劳神费力的事情上,转到他们认为(不管是对是错)更容易成功的事情上。这可能是由于他们在早年无意识地训练自己在其他事情上获得成功。因此,他们或许不会成为杰出的数学家,但可能会在体育运动中脱颖而出。教育工作者不应该忽视任何像这种显著的成就,而应该把它视作一个出发点,鼓励孩子在其他活动领域取得进步。其实,如果教育者从发现孩子一个值得鼓励的成就开始,并以此激励孩子,让他相信自己可以在其他事情上取得同样的成功,那么教育者的工作会轻松很多。这就像是引导孩子从一个硕果累累的领域走到另一个硕果累累的领域。因为除了那些智力低下的孩子,所有的孩子都有能力成功地应对他们的学业,所以他们需要克服的只是一个人为设置的障碍。这种障碍的出现是因为我们以孩子在学校的成绩表现,而不是以终极的教育和社会目标,作为评判孩子的基础。这种障碍还导致儿童缺乏自信心。因此,孩子中断了他在进行的有益的活动,因为他们在有益的活动中无法获得优越感。

在这种情况下,儿童会如何应对?他想到了一个逃避的办法。通常,我们会发现他有一些古怪的行为,比如鲁莽无理,顽固不化。这些行为不会得到老师的称赞,但却能引起老师的注意,还能受到其他孩子的崇拜。这样的孩子对自己制造的麻烦引以为傲,常常认为自己很了不起。

这种心理表现和行为的偏差是在学校生活的考验中产生

的。虽然它们是在学校里出现的,但它们的起源不能完全归咎于学校。从积极的意义上说,学校可以帮助孩子积极成长并纠正孩子的行为偏差;从消极的意义上说,学校是一个揭露早期家庭教育缺陷的实验场所。

一名称职且观察力强的老师在孩子上学的第一天就能了解到许多事情。因为许多孩子立刻表现出备受溺爱的孩子所特有的种种迹象,对他们来说,学校这个新环境是最让人感到痛苦和不适的。这样的孩子没有与他人相处的经验,因此,让他们具备交友的能力是至关重要的。我们更建议家长让孩子在上学之前,学会一些如何与他人接触的知识。孩子不应该因为依赖一个人而排斥其他人。家庭教育的缺陷应该在学校里得到纠正,但如果孩子在入学之际就能在某种程度上避免这种缺陷,会更有利于孩子的成长。

我们不能期望一个在家里被骄纵的孩子,突然间就能在学校集中精力学习。这样的孩子无法专心上学。事实上,他对"上学"这个概念缺乏意识,他宁愿待在家里也不愿上学。我们很容易就能看出这种厌学的迹象。因此,父母不得不在早上哄孩子起床,必须不断地敦促他做这做那,还会发现孩子在磨磨蹭蹭地吃早饭,等等。这样的孩子似乎筑起了一道无法逾越的障碍,阻碍他们进步。

对于这种情况,解决办法和左撇子的方法是一样的:我们必须给予这些孩子学习的时间。如果孩子上学迟到就实施惩罚，只会让他们更不喜欢学校，更让他们认为在学校里没有归属感。当父母为了强迫孩子上学而实行体罚，那么孩子不仅不想上学，还会想方设法让自己逃避困难，而不是应对困难。如此一来，孩子的每一个手势和动作都会体现出对学校的厌恶，体现出他没有能力处理学校问题。他总是会忘记带书或把书弄丢。当一个孩子习惯性地忘记拿书或者把书弄丢，我们可以肯定他在学校里过得并不顺心。

在研究这类儿童时，我们几乎无一例外地发现，他们对于能够在学校取得任何程度的成功都不抱希望。这种自我贬低并不完全是他们自己的错，是环境促使他们朝着这个错误的方向前进。在家里，家人怒火中烧，说他们前途晦暗，或者骂他们愚蠢无用。当这些孩子在学校里发现家人对他的评判似乎都得到了证实时，加上他们缺乏判断和分析能力（他们的长辈通常也缺乏这些能力）来纠正自己的误解，因此，他们甚至在尝试之前就放弃了努力，认为自己的失败是一个不可逾越的障碍，而障碍又证实了自己的无能或自卑。

如果孩子在这样的环境下成长，一旦发生错误，错误纠正的可能性就很小。这些孩子尽管很努力地想要进步，但通常还是会落后于他人，因此，他们很快就放弃努力，并开始为逃离学校而编造借口。旷课逃学，在学校里通常被认为是最危险的症状之一，也是最严重的过错之一，如果孩子逃学，他会受到很严厉的惩罚。因此，孩子们认为，为了保护自己不受惩罚，他们不得不使用狡诈和歪曲事实的手段。同时，他们还会进一步误入歧途。他们会在家里伪造请假条和成绩单，尽管他们已经有一段时间没有去上学了，还会对家人编造自己在学校里发生的事情。他们还必须在上课时间找个地方躲起来。毋庸置疑，在他们躲藏的地方通常会找到同样逃学的孩子。由于孩子们在逃学之后，对优越的追求并没有得到满足，这也促使他们进一步采取行动，也就是做出违法的事情。他们越陷越深，最终走向犯罪。他们拉帮结派，小偷小摸，发生性倒错行为，而且还误以为自己已经长大。

在往错误的方向迈出一大步之后，这些孩子开始为自己获取更多的优越感。由于一直没有人发现他们的行为，他们觉得自己有能力犯下最狡猾的罪行。这就解释了为什么那么多的孩子不愿意停止犯罪。他们想要在这条道路上走得更远，因为他们相信，在其他方向上都不可能取得成功。他们拒斥了一切可能引导他们从事有益活动的事物。他们的进取心不断地被同伴激发，驱使他们做出不合常规或反社会的新行为。所有具备犯罪倾向的孩子都是极度自负的。这种自负和进取心有着同样的根源，它迫使孩子不断在某方面表现出众。如果一个人无法在生活的有益面中找到自我，他就去无益的一面寻找。

曾经有这样一个案例，一个男孩杀害了自己的老师。如果我们仔细研究这个案例，就会发现这个男孩具备上述所有的特征。这名家庭女教师自认为对心理表达和心理作用无所不知，因此这个男孩总是小心翼翼地行事，精神过度紧张。长此以往，这个男孩对自己失去了信心，因为他的进取心从高处跌至低谷，化为乌有，这对他来说十分受挫。学校和学校以外的生活都没有让他获得优越感，所以他开始走上违法的道路。他的违法行为使教育工作者和儿童教育专家不知所措，因为社会还没有把犯罪，特别是青少年犯罪的问题，看作是教育的问题，还没有认识到其重点在于纠正心理上的错误。

凡是从事教育工作的人都熟知一个奇怪的现象，那就是在教师、牧师、医生和律师的家庭中，通常容易出现调皮的孩子。不论是普通的教育工作者，还是位高权重的人，都会有这样的现象出现。尽管这些人在专业领域具有权威，但他们似乎无法在自己的家庭中做到和和气气，井然有序。我们对此的解释是，在这些家庭中，儿童某些重要的想法要么被完全忽视，要么不被理解。原因可能包括：父母制定了严厉的规章制度。作为父母的教育工作者认为自己很有权威，于是把这些规章制度强加给自己的家庭。父母过度压迫自己的孩子，造成孩子无法独立，甚至常常剥夺他们的独立性。他们在孩子们心中激起了一种反感，使得孩子们对压迫进行报复。如果孩子被父母打骂过，这种被压迫的观念会更加根深蒂固。同时也必须记住的是，如果父母刻意对孩子进行教育，他们会对孩子的言行举止具有异常敏锐的观察力。在大多数情况下，这是大有好处的，但对孩子来说，这往往导致孩子想要一直成为关注的焦点。这类儿童会把自己看作是一个展示育儿实验的陈列品，他人是负责任和做决策的一方，会帮他解决所有的困难，而他自己就无须承担任何责任。

Chapter 4

正确引导儿童追求优越

我们看到，每个孩子都会追求优越感。父母或教育工作者的任务就是将这种追求引向一个富有成效、对社会有益的方向，确保这种追求有益于孩子的精神健康和幸福，而不会让孩子产生神经质和精神失调等心理疾病。

我们如何做到这一点呢？如果要区分优越的追求方向是有益还是无益，它的判断标准是什么？答案是，这个方向是否符合社会利益。我们能想到的任何成就，或者任何人曾做过的有价值的事情，都是符合社会利益的。如果我们回想那些高尚的、有价值的伟大事迹，就会发现这些事迹不仅对行为者自身，而且对整个社会都具有重大的价值。因此，我们必须谨慎对待儿童的教育，培养他们的社会感，也就是一种与人类同在的感觉。

如果一个儿童无法理解社会感这个概念，那么他对优越的追求就还停留在对社会无益的方面，他会逐渐演变成问题儿童。

的确，哪些事对社会有益，人们普遍存在分歧。然而，有一点可以肯定，那就是我们可以根据一棵树的果实来判断一棵树得好坏。这意味着，我们通过某一行为的结果判断出它对社会是否有益。因此，我们还必须把时间和行动的因素考虑进来。最终，人类行为必须接受现实逻辑的检验，看它是否符合社会的需求，因为这是判断事物的价值标准。在时间的验证下，我们早晚会知道一个行为是否与社会的需求相呼应。幸运的是，在日常生活中，我们发现自己并不总是需要用到复杂的判断技巧。至于社会运动、政治趋势等重大事件，我们也众说纷纭，无法清晰预测它们的影响。然而，在人类以及个体的生活中，我们可以用行为的结果判定是否对社会有益，是否符合社会的真标准。从科学的角度出发，我们不能说一件事情是绝对正确无误的，除非这件事情涉及的是绝对的真理，是对人生问题的正确解决方案。而人生问题是受到宇宙、地球和人类关系逻辑这几个因素的制约。人生问题所受到的这些制约就像数学问题摆在我们面前，尽管我们并不总是有能力解决这一问题，但问题本身就已经包含了解决方案。我们只有根据问题的资料不断地进行检验，才能判断解决方案是否正确。遗憾的是，有时检验某一解决方案是否正确的机会来得太迟，以至于我们没有时间去纠正已经发生的错误。

如果个体不从逻辑和客观的角度去了解自己的生活结构，那么在很大程度上，他也无法看到贯穿自身行为模式的一致性。当问题出现时,这些人会感到恐慌,他们不会去解决问题,反而认为自己只是选择了一条错误的道路。当我们讨论儿童的时候也应该记住,当他们偏离对社会有益的道路时,也正是因为他们无法理解问题所代表的意义,所以无法从消极的经验中吸取积极的教训。因此,我们有必要对孩子进行这样的教育:不要把人生看作是一系列互不关联的事件,而要看作是一条连续的线,把所有生命之中发生的事情都串联起来。如果要解释一件事情,就需要和过去的事情联系起来。当孩子明白了这一点,他就能明白自己为什么会误入歧途。

在进一步讨论追求优越的有益和无益方向的区别之前,我们先讨论一种似乎与我们的理论相矛盾的行为,那就是懒惰。这种行为从表面上看,似乎与"所有儿童天生都会追求优越"相互矛盾。事实上,一个懒惰的儿童所受到的责骂,大都是责备他没有进取心。但是,如果我们更仔细地考察一下懒惰儿童所处的境况,就会发现这种普遍的观点错得离谱。儿童变得懒惰是因为他能从其中获益,他不用承担别人对他的期望;在某种程度上,大家认为他没什么成就是情有可原的;他不愿意付出努力,因此对任何事情采取一种随便懒散的态度。然而,他的懒惰经常成功地让自己成为父母的焦点,因为父母认定要时刻督促这个孩子。考虑到,有多少孩子不惜任何代价想要成为父母的焦点,我们就能明白为什么有些孩子会想到通过懒惰这种方式来得到别人的关注。

不过，以上对懒惰进行的心理学解释并不全面。还有很多儿童采用懒惰的态度来缓解他们的处境。人们总是把儿童的一事无成归咎于懒惰，因此我们很少听到别人用"缺乏能力"这个词来指责一个儿童，相反，家长通常会说："只要不好吃懒做，什么事都能做成。"因此孩子们满足于这样的想法，那就是只要不懒惰，他们可以完成所有的事情。对于极度缺乏自信的孩子来说，这句话就像是成功的替代品，安慰着他们的自尊心。不仅是儿童，成年人身上也会出现这样的现象，比如这种自欺欺人的"如果句式"："如果我不懒惰，我什么都能做"，这可以安抚他们失败的感觉。当这类儿童在做某件事的时候，他们所取得的一些微不足道的成就在他们眼里显得格外重要。因为这和之前的一事无成形成了鲜明的对比，所以这些儿童受到了大人极高的赞扬，而其他一直很积极活跃的孩子在取得更大的成就时，却没有得到充分的认可。

因此，我们看到懒惰在暗地里隐藏着一种不为人知的社交方式。懒惰的儿童就像走钢丝的人，钢丝下铺着一张保护网，即便不慎摔落，他们也不会受到太大的伤害。我们对懒惰儿童的批评比对其他孩子的批评更温和，而且对他们自尊心的侮辱也更少。这些儿童认为，比起懒惰，被别人批评缺乏能力更令人痛苦。总之，懒惰是孩子为了掩盖自己缺乏信心而建立的一道屏障；也给了他借口，不用努力去处理他所面临的问题。

如果我们仔细思量目前的教育方法，就会发现它们恰恰满足了懒惰儿童的愿望。一个人越是责骂懒惰的儿童,就越正中他的下怀。这个人会把自己所有的精力和时间都花在这个儿童身上,而他的责骂转移了对儿童能力方面的关注,因此满足了这个儿童的愿望。惩罚的作用也是如此。那些认为惩罚就能够治理儿童懒惰心理的老师总是会感到失望,因为最严厉的惩罚也不能使懒惰的儿童变得勤奋。

如果儿童的懒惰情况有所好转,那它是由环境的改变引起的。比如,这个儿童获得了意想不到的成功,那可能是因为相比之前严厉的老师,新来的老师更加温和,能够理解孩子,诚恳地与他交谈,能赋予他崭新的勇气,而不是削弱他仅存的一点勇气。在这样的情况下,儿童从懒惰到活跃的转变有时是突如其来的。因此,有一些儿童在学校的前几年都是懒懒散散,反而在进入一个新的学校,换了一个新环境后,变得非常勤奋。

有些儿童不把懒惰作为逃避的手段,而是通过装病来逃避有益的活动;而有些儿童在考试的时候异常紧张,因为他们认为精神紧张的表现能得到老师的照顾;哭泣的儿童也表现出同样的心理倾向——哭泣和精神紧张都是为了获得特权。

同时,我们也要特别注意一类有缺陷的儿童——口吃儿童,他们与懒惰儿童有着同样的心理过程。经常接触幼童的人会注意到,几乎所有的孩子在开始说话时都表现出轻微的口吃倾向。正如我们所知,语言能力的发展受多种因素的影响,而主要的影响取决于社会感的强弱程度。那些具有社会意识、想要与他人接触的孩子，比那些回避社交的孩子，更容易也更快地学会说话。甚至在有些情况下，儿童的自我表达是多余的。例如，一个被过度保护和骄纵的孩子，他在有时间表达他的想法之前，大人就已经提前知道并满足了他的想法（然而，只有聋哑儿童才需要这样细微的照顾）。

如果孩子在四五岁之前还没学会说话，父母会开始担心孩子是否患上了聋哑症。但他们很快就发现孩子的听力没有问题，进而排除了聋哑的设想。其实，我们可以观察到这些儿童确实生活在一个语言被认为是多余的环境里。当所有的东西都已经准备好，"放在银盘上"端给孩子时，他就失去了说话的冲动，所以这类孩子很晚才学会说话。语言标志着儿童对优越的追求，也显示出追求的发展方向。儿童必须通过语言才能表达对优越的追求，不管这种表达形式是给他的家人带来欢乐，还是用来帮助满足他的日常需求。当这两种表达方式都没有机会出现时，我们自然会认为孩子的语言发展受到了阻碍。

儿童还会产生其他的语言缺陷，例如某些辅音发音困难，如 r、k 和 s，这些都是可以矫正的。如果儿童成年后依然口吃、口齿或说话不清，我们要对此加以注意。

大多数儿童长大后不再口吃，而另外一小部分则需要接受治疗。我们可以从一个 13 岁男孩的案例中了解治疗过程中会遇到的困难。当医生开始接手治疗时，这个男孩才 6 岁。治疗过程持续了一年，并没有成功。接下来的一年，治疗中止了。

到了第三年,又找了一位医生,治疗还是不成功。再过了一年,第四年,治疗再次中止。在第五年的头两个月,他被托付给一位言语矫治医生,然而他的病情却恶化了。一段时间后,他被送到一家专门研究语言缺陷的机构进行矫正。治疗持续了两个月,结果很成功,但是六个月后,口吃又复发了。

接下来的8个月,他接受另外一位言语矫治医生的治疗。这一次,他的口吃非但没有任何改善,反而开始逐渐恶化。后来,又试了一个医生,但还是没有成功。第二年夏天,他的情况有所好转,但在假期结束时,他又恢复了老样子。

我们采用的主要治疗方法有:让孩子大声朗读,慢速说话,做练习等等。有人指出,某些形式的兴奋可以暂时改善口吃,但后面依旧会复发。这个男孩本身没有器官缺陷,但他小时候曾经从二楼摔下来,得过脑震荡。

一位教过他一年的老师是这样形容他的:"一个有着良好的教养、勤奋的孩子,容易脸红,有点急躁。"老师还说,法语和地理对这个男孩来说是最吃力的科目,而且考试的时候,他会特别紧张。老师还指出他特别喜欢体操等体育运动,而且喜欢钻研技术类工作。虽然这个男孩没有表现出任何领导者的特质,可以和同学们相处得很好,但他有时会和弟弟吵架。他是个左撇子,一年前,他的右脸曾突然出现过面瘫。

现在我们把关注点转到这个男孩的家庭环境。他的父亲是一名商人,整个人很紧绷,经常在儿子结巴时就狠狠地责骂他。尽管如此，这个男孩还是更害怕母亲。他家里有个家庭教师，因此他很少能出门，且渴望自由。他还认为母亲不公平，因为她对弟弟更偏心。

基于上述事实，我们可以做出解释：当他必须要进行社交活动时，就会脸红，倍感紧张。脸红背后的心理机制和口吃相关。即使是他喜欢的老师也不能成功治愈他的口吃，因为这种口吃已经内化进了他的心理机制，并且表达了他对其他人普遍带有的一种反感。

我们现在知道，造成口吃的原因不是外部环境，而是口吃者感知环境的方式。这个男孩的易怒在心理上有很重要的意义：易怒表明他不是一个消极被动的孩子，而是有着对认可和优越的追求，就像大多数软弱的人都有的心理一样。另一个证明他感到很受挫的事实是，他只和一个比他小的男孩吵架。他在考试前精神紧张，其实是由于害怕自己失败，感到自己不如别人。他强烈的自卑感使得他对优越的追求走向了无益的方向。

既然在家里过得不称心，这个男孩就很乐意去学校。在家里，弟弟是世界的中心。即便器官上受损或恐惧并不是造成口吃的原因，但这两者总有一个削弱了他的勇气。与此同时，弟弟对他的影响更大，因为弟弟把他推到了家庭星座的边缘位置，不再是众人关注的焦点。

同样重要的一点是，这个男孩到 8 岁的时候还患有遗尿症（尿床），这种症状大部分只出现在那些最初被父母宠坏，后来被"推下王座"的孩子身上。尿床表明这个男孩甚至在睡觉时也在争夺母亲的注意力。在这种情况下,尿床代表了这个孩子不愿意受到冷落。

通过鼓励以及教会孩子如何独立,我们便可以治愈这个男孩的口吃。所以必须让孩子去做力所能及的任务,完成这些任务之后,他会对自己更有信心。男孩承认弟弟的到来让他不开心,现在我们必须让他明白,是他的嫉妒让他误入歧途。

对于伴随口吃出现的症状,我们还可以做出很多解释。因此我们会进一步看看,在情绪激动的状态下会发生什么。许多口吃的人在生气骂人的时候却口齿流利。此外,年纪稍大的口吃者在朗诵或恋爱时,通常也不会口吃。这些事实表明,口吃的决定因素在于他们与他人的关系。也就是说,当必须建立自己与他人之间的联系,或必须通过语言表达自己时,孩子的内心会引发心理对抗和精神紧张,这时的心理状况会引发口吃。

当一个孩子不费太大力气就学会说话时,没有人会注意他说话能力的进展,但是,当一个孩子在这方面表现出困难时,口吃就会成为家里关注的焦点。全家人把时间都花在孩子身上,导致孩子过度在意自己的语言。他开始有意识地控制自己的表情,这是正常说话的孩子不会做的事情。我们知道,有意识地控制本应自动运行的身体机能反而会导致机能受限。作家迈林克在他的童话故事《蟾蜍的逃脱》中给出了一个很好的例子。蟾蜍遇到一条千足虫,便立刻开始赞美千足虫的腿。蟾蜍问:"你能不能告诉我,你的一千条腿中,你先移动哪一条,再以什么顺序移动其他九百九十九条?"千足虫开始思考并观察自己腿部的运动,当它试图控制这些腿时,它变得很困惑,因为发现竟无法移动任何一条腿。

在我们生命的历程中,练习有意识地控制运动固然重要,但试图控制每一个运动的过程则是有害的。只有把每个必要的物理运动过程都自动地刻入大脑,让身体自由运行时,我们才有能力进行更高一层的艺术创作。

尽管口吃带来的巨大负面效应会影响儿童的未来,而且还会附带很多不利因素,比如家人的同情和给予孩子的特殊关照会对儿童的成长造成不利的影响,但依旧有很多父母和儿童由于对未来没有信心,从而寻找借口逃避现实,而不去改善这种状况。这样的儿童尤其喜欢依赖他人,这种依赖让他表面上处于弱势,实际上却能保持自己的优势地位。

这种利用劣势来赢取优势的现象被巴尔扎克写进了一篇小说。他讲了两个商人在交易中试图占对方便宜,当他们开始讨价还价时,其中一个开始口吃。另一个人很惊讶地注意到,这个口吃的人在表达他的观点之前赢得了足够的思考时间。他迅速地寻找对策,让自己突然听不见任何声音。这时口吃的人反倒处于不利的地位了,因为他必须花费很大的力气才能让另一个人听清楚。因此,双方才算真的扯平了。

即使口吃者有时会利用口吃来为自己赢得时间,或者让别人等待他把话说完,我们也不应该像对待罪犯一样对待口吃者。对于口吃的儿童,我们应该给予鼓励,并温和地对待他们。只有通过友善的鼓励,增加孩子的勇气,才能帮助他成功地治愈口吃。

Chapter 5

自卑情结

每个人身上都有着自卑感和对优越感的追求，这两者成对出现，相辅相成。我们追求优越是因为我们感到自卑，如果对优越的追求获得了成功，它可以克服我们的自卑感。然而，在两种情况下自卑感才会对心理产生重大影响：第一种情况，自卑感阻碍我们对优越的追求；第二种情况，生理缺陷造成的自卑感加剧至难以忍受的程度。这时，我们会形成自卑情结。它是一种不正常的自卑情绪，必然导致个体寻求捷径来实现对自卑感的补偿和表面上的满足感，同时它会夸大眼前的障碍，挫伤勇气，从而阻碍我们通往成功。

基于这一点，我们再来探讨那个口吃的13岁男孩的案例。我们已经知道，这个男孩的受挫感在一定程度上导致他口吃，而口吃反过来又增加了他的受挫感。因此，这个带有神经质的自卑情结导致男孩的心理产生上述常见的恶性循环。男孩想隐藏自己，他已经放弃希望了，甚至可能有过自杀的想法。他的口吃表达了他的生活模式，可以看作是生活模式的衍生品。口吃给他人留下了深刻印象，使他成为关注的焦点，从而缓解心理上的不适。

这个男孩为自己设定了一个过高的目标，即想要在这个世界上获得价值感和成就。这个目标使得他不断追求声望，因此他必须表现出自己性情温和、能与他人和睦相处，以及能有条不紊地工作。最重要的是，他觉得在失败时必须找一个逃避的借口，这个借口就是他的口吃。这个男孩的情况对我们来说非常有意义，因为他的生活大部分时候都在朝有益的一面发展，只是在其中的某个阶段，因判断力和勇气被削弱，导致他向无益的一面发展。

当受挫的儿童不相信凭借自己的能力就能获得成功时，口吃只是他们使用的无数个防御手段之一。这些代表着受挫感的防御手段，可以比作大自然赋予动物保护自身的武器，比如爪子和尖角。显而易见，这些儿童采取防御手段是因为自身的软弱，他们认为必须依靠外部的力量才能应对生活。值得注意的是，防御的手段多种多样。有些孩子没有其他办法，只能以大小便失禁作为防御手段。这个迹象表明他们在身体和心理上都想停留在婴儿时期，因为在这个时期里，一个人无须任何努力和痛苦就可以生存。这类儿童的大肠或膀胱并没有实质性问题，他们只是把这些当作把戏来利用，以唤起父母或教育工作者的同情，尽管这种把戏有时也会引起同伴的嘲笑。因此，孩子的这种表现不应被视为疾病，而应被视为自卑情结的表现，或一种对优越的追求偏离了正常轨道的表现。

我们可以看到，口吃和生理问题并没有太大的关系。口吃只是表象，实际上孩子是在抱怨。案例中那个男孩很长一段时间都是家里的独生子，他的母亲一直忙于照顾他。当他渐渐长大，也许觉得自己没有得到足够的关注，没有太多机会表达，于是发明了一种新的招数来引起别人对他的注意。口吃对他来说还有一个很重要的意义：他注意到，当他和别人说话时，对方都在看他的嘴。通过口吃，他为自己争取到原本只属于弟弟的时间和关注。

学校里的情况也是如此，他找到了一位愿意为他付出很多时间的老师。因此，由于口吃，他能够在家里和学校里都获得优越感，还能像好学生那样受到欢迎，这是他非常渴望得到的。毫无疑问，他在学校里也是个好学生，但口吃使他更容易得到额外的关注。

另一方面，虽然口吃使得老师待他较为宽容，但这种获得宽容的方式并不值得推崇。当男孩得不到自认为应有的关注时，他会比其他孩子更容易感到受伤。当弟弟出现在家庭星座里，男孩不得不竭力维持家人对自己的关注度，这令他非常痛苦。与普通的儿童不同，他从来没有培养过把自己的关注点放在别人身上的能力，一直以来他都把母亲当作家庭环境中最重要的人，而丝毫不关注其他人。

如果想要帮助这类儿童，首要之务就是增加他们的勇气，让他们相信自己的优势和能力。我们可以通过同情的态度与这些孩子建立友好的关系，而不是用严厉的手段吓唬他们。这种做法很有价值，但还不够。我们还要以这种友好的关系为基础来鼓励他们不断进步。只有让孩子变得更独立，设法让他们对自己的精神和身体力量产生信心，孩子才能够持续不断地提高和进步。要让他们相信，只要通过自己的勤奋、毅力、实践和勇气，就能获得更大的成就。

在儿童的教育中，最严重的错误就是父母或教育工作者断言误入歧途的孩子前途暗淡。这种愚蠢的断言只会让情况变得更加糟糕，因为它让孩子变得更懦弱。恰恰相反，我们应该用乐观的精神激励孩子。正如古罗马诗人维吉尔所说的："他们能做到，是因为他们相信自己。"

有时我们看到孩子因为害怕被嘲笑而改变了他们的行为，但这只是表面。我们不能因此认为，通过羞辱或责骂就可以让一个孩子真正改善自己的行为。从下面的例子可以看出，通过嘲弄来刺激他人是多么的不理智。有个男孩因为不会游泳而时常被朋友们取笑，终于有一天，他再也无法忍受这样的嘲笑，从跳板上跳进了深水区。结果，他差点因溺水而丧命，人们费了很大劲才把他抢救过来。因此，我们可以看到，一个懦弱的人在自己的威信受到挑战时，会做一些事情来证明自己的勇敢，但他做的事情往往是不妥当的。这个男孩在用一种懦弱且无益的方式来面对自己内心原有的懦弱。其实，男孩真正的懦弱体现在他不敢承认自己不会游泳，因为那样就会在朋友中失去地位。他不顾一切地跳进水里，可这么做并没有治愈他的懦弱，反而强化了他无法正视事实的懦弱性格。

懦弱的特性容易破坏人际关系。一个总是担忧自身形象的孩子，不会考虑别人，因此他愿意以牺牲他人为代价来获得声望。因此，懦弱带来了一种自私自利和争强好胜的态度，尽管这种态度还远远无法消除一个人对他人评价的恐惧，但它可以消除一个人的社会感。懦弱的人总是害怕被人嘲笑、忽视和贬低，因此他总是受别人意见的支配。他就像一个生活在敌意中的人，形成了怀疑、嫉妒和自私的性格特征。

这类懦弱的孩子通常会变得挑剔和唠叨。他们不愿意赞扬别人，如果别人受到表扬，他们就会心生怨恨。因此，当个体超越他人的方式是通过贬低别人，而不是自我实现，那么这就是软弱的表现。如果意识到孩子出现了这样的症状，我们就要把消除孩子对他人的敌意作为不可避免的教育任务。如果有人不认同这一点，没有关系，但这样就无法知道如何纠正由此产生的不良性格特征。然而，如果想要正确地帮助孩子，关键就在于让孩子与世界和解，与生活和解，向孩子揭示他的错误，并向他解释懦弱的底层心理动机——他想要的是不通过努力就能获得声望。因此，我们必须增进儿童之间的友好感情，必须教育孩子们：不要因为别人成绩差或做了错事而瞧不起别的孩子,否则,便会造成他人的自卑情结,挫伤他人的勇气。

当一个孩子对未来失去信心,他会因此逃避现实,通过追求无益的一面来进行自我补偿。教育者最重要的任务,也即他的神圣职责,就是确保所有的学生都能拥有勇气,确保刚入学就感到受挫的孩子可以通过学校和老师重新找回自信。这与教育工作者的职责是相辅相成的,因为只有当孩子们认为未来是充满希望和快乐的,对孩子的教育才可能获得成功。

有进取心的儿童通常会有一种短暂的受挫感。尽管他们已经取得进步,但是到了即将毕业、必须面临职业选择的时候,他们有时会失去信心。此外,一些有进取心的儿童在考试中没有取得好成绩时,往往有段时间也会处于自我放弃的状态。长此以往,不知不觉中酝酿已久的冲突会突然爆发。这种冲突可能表现为局促不安,或焦虑性神经症。如果这些孩子的受挫感没有被及时遏制,他们做事就会变得有始无终,长大后会频繁地换工作,从不相信自己能做好任何事,而且总是害怕失败。

孩子的自我评价是最重要的。然而,如果你去询问孩子对自己的评价,并不一定就能了解他对自己的真实看法。无论用什么样的方式询问,我们得到的都是不确定或模棱两可的答案。有些孩子对自己的评价相当高,有些孩子会把自己说得一文不值。对于后一种情况的孩子,经过进一步的调查可以发现,在这些孩子成长的环境中,大人已经对他们说过无数遍"你一文不值!"或者"你真笨!"这样的话。听到如此尖刻的责备，大多数儿童会感到很受伤，然而，也有一些儿童会通过贬低自己的能力来进行自我保护。

如果询问的方式不能让我们知道孩子对自己的评判，我们还可以通过观察他解决问题的方式来了解。例如，这个孩子是以自信果断的方式面对问题，还是说他表现出受挫儿童最常有的犹豫不决。受挫儿童的这种犹豫不决如果用图示来分解动作的话，我们可以这么形容：一个孩子刚开始在勇敢地向前走，但当他开始接近需要面对的任务时，他就放慢速度，蹒跚而行，最后在离任务还有一段距离的时候完全停了下来。有时我们把这样的孩子说成是懒惰的、心不在焉的，虽然描述不同，但本质都一样。这些儿童并不像普通人那样去面对他们的任务，而总是把自己的精力都花费在障碍上。有时，孩子成功地欺骗了大人，以至于他们错误地认为这个孩子缺乏能力。但当我们充分了解整个情况，并用个体心理学的原理加以阐释时，我们会发现，问题的根源在于缺乏信心，也就是自我低估。

当我们考察一个在追求优越的过程中误入歧途的人，必须记住，一个完全以自我为中心的人在社会上是异常的。人们经常会看到有些儿童因为过度追求优越而变得不考虑他人，这些儿童对人是有敌意的，还有违法倾向，并且贪婪自私。当他们发现了别人的秘密，就会用它来伤害别人。

但是，即便在那些行为最恶劣的孩子身上，我们依然能够在他们心灵深处发现人类的一个基本特性，那就是对人类的归属感。虽然他们的人生规划与合作的原则越相背离,就越难发现任何社会感,但他们的自我与周围世界的关系会以某种方式暗示或表达出来,所以我们必须寻找可以揭露内心自卑感的表现方式。这些表现方式数不胜数。我们可以从孩子的眼神中开始寻找。眼睛不仅是一个吸收和传导光线的器官,也是用来进行社交的工具。一个人看待别人的眼神显示了他在多大程度上想与他人建立联结。这就是为什么所有心理学家和作家都如此注重研究一个人的眼神。我们都通过别人看待我们的眼神来判断别人对我们的看法,也试图从他人的目光中发现他灵魂的一部分。尽管这种做法可能会犯错误或产生误解,但相比大人,我们更容易从孩子的眼神中判断他是否友好。

众所周知,那些无法直视成年人的孩子都心怀疑虑。这些孩子并不总是有不良的居心或在性方面有着不良行为。他回避眼神可能只是表明,哪怕时间再短,他都不想与他人接触。这也表明他想要逃避社交群体。当你唤他过来时,他和你距离的远近也暗示了他的心理。许多孩子会和你保持一定的距离,他们想先弄清楚状况,只有在必要时才会靠近。因为他们在这方面有过一些不好的体验,就会把自己片面的想法运用至日常生活中,所以他们对密切接触持怀疑的态度。有趣的是,我们也能观察到一些孩子更愿意贴近母亲或老师。这说明了,比起在嘴上说的自己最爱的人,孩子们更愿意用身体贴近的人才是更重要的。

有些孩子的走路方式会流露出明显的自信和勇气，比如挺拔的身姿、端正的头部、声音沉稳、落落大方等。而有些孩子在别人和他说话时会退缩，立刻显露出自卑感，害怕自己无法应付这种情况。

在深入研究这种自卑情结时，我们发现许多人相信它是与生俱来的。我们对此的驳斥是：任何一个孩子，无论他本身多么勇敢，我们都有办法让他感到害怕，并产生自卑情结。如果父母都是性格胆怯的人，他们的孩子很可能也会如此。然而，这不是因为孩子遗传了这种性格特征，而是因为在他成长的氛围中充满了恐惧。家庭氛围和父母的性格特征在孩子的发展中最具有影响力。学校里的孤僻儿童，往往来自和外界接触很少甚至完全没有社交的家庭。当然，在这种情况下，人们容易被表象欺骗，认为这种性格是遗传特性，但这个理论已经被推翻。个体无法与他人交流，这并不是因为器官或大脑发生了任何物理变化。不过，家庭和父母的状况并不必然导致懦弱的性格，但可以帮助我们理解这种特性是如何出现的。

如果要从理论的角度来理解这个问题，最简单的例子就是天生器官衰弱的孩子。这样的孩子在很长一段时间里都是病恹恹的，受到痛苦和虚弱的折磨。他们非常关注自己，把外部世界看作是严酷和敌对的。在这种情况下，次要的有害因素开始产生影响。一个身体虚弱的孩子必须依赖一个能让自己的生活变得更轻松，且能够奉献自我的人，但正是这种奉献和保护的态度反过来使孩子产生强烈的自卑感。所有的孩子,由于他们与成年人在体型和力量上的差距,都会有一种自卑感。我们经常会听到大人跟孩子说"大人说话时,小孩别插嘴",这样孩子心里那种"弱小"的感觉更容易被强化。

这些成见都会更容易让孩子认为自己处于不利地位,他无法接受自己比别人弱小的想法。这种想法越刺激他,他就会越努力,让自己变得更强。他对认可的追求有了额外的推动力。这个孩子并没有让自己学会和身边的人和谐相处,而是创造了一种新的处世原则:只考虑自己。这种类型的孩子通常会比较孤僻。

可以肯定地说,大多数软弱、残疾和外形丑陋的孩子都有强烈的自卑感,这种自卑感有两种极端的表现。他们要么在和别人说话时退缩、回避、感到胆怯,要么就变得咄咄逼人。这是两种看似完全不同的行为方式,但都由同一个原因造成的。不管是胆小怯懦、一言不发的孩子,还是咄咄逼人的孩子,这些行为方式都暴露出他们在追求认可的过程中所具有的自卑感。他们要么没有太多社会感,因为他们对生活没有期望,也认为自己没有能力奉献;要么把社会感转为己用——他们想成为领袖和英雄,永远处在焦点之中。

如果一个孩子多年来一直在错误的方向上前进,我们就不可能指望一次谈话就能改变他的行为模式,因此,教育工作者必须要有耐心。如果孩子在努力改善自我,问题却时时卷土重来，明智的做法是向孩子解释：进步需要时间来慢慢实现。这种解释会让孩子平静下来，且不会有受挫感。如果一个孩子两年来数学成绩都很差，他不可能在两周内就取得理想成绩，但无可争议的是，他有取得理想成绩的能力。一个心理正常、勇敢的孩子能够弥补任何缺陷。我们一再地看到，儿童缺乏能力是因为错误的发展道路，导致他形成了特殊复杂、不健康的整体人格。因此，只要孩子不是智力低下，我们很大程度上都能帮助这些行为有问题的孩子。

儿童缺乏能力，或表面上的愚蠢、笨拙、冷漠，并不足以证明他们智力低下。智力低下的儿童往往因为大脑发育不健全，多会伴有身体上的缺陷。这种身体缺陷可能是由影响大脑发育的腺体遭到破坏而造成的。有时这样的身体缺陷会随着时间的推移而消失，但身体缺陷在心理上造成的影响依然存在。也就是说，一个本来身体虚弱的孩子，即使在他的身体变得强壮之后，也可能继续表现得很虚弱。

让我们进一步说明这种情况。心理上的自卑和以自我为中心的态度，不仅可能是过去的器官缺陷和身体虚弱造成的结果，也可能是由完全不同的环境造成的，而这些环境与器官缺陷完全无关。自卑和自我中心可能是由于错误的养育方式，或是由于缺乏关爱，以及过于严厉的家庭教育而产生的。在这种情况下，孩子的生活变成了一种痛苦，以至于他对所处的环境产生了敌意。环境对心理造成的影响与器官缺陷对心理造成的影响，就算不完全一样，也多少会有些相似之处。

帮助那些在缺乏爱的环境中长大的孩子，会遇到很大的困难，对此我们要做好充分的心理准备。他们会像对待所有伤害他们的人一样对待我们。每一次对他们学业的催促都会被视为一种压迫，他们总是感到受束缚，并且只要在力所能及的范围里就会做出反抗。他们无法采取正确的态度对待自己的同伴，因为他们嫉妒那些拥有幸福童年的孩子。

这些心怀怨恨的儿童往往会变得喜欢破坏他人的生活，因为他们没有足够的勇气去应对自己所处的环境，所以，他们想要通过压迫那些更弱小的人来弥补自身的无力感，或者通过表面的友好来获得优越感。然而，这种友好只有在自己可以支配他人的时候才会持续表现出来。许多孩子会走到只和处境更糟的人交朋友的地步，就像有些成年人特别容易和处境不好的人交朋友一样。或者有些孩子更喜欢和年纪更小、更可怜的孩子交朋友。还有的男孩喜欢特别温柔、顺从型的女孩，但这种情况不是由性引起的，而是他们在心理上想要弥补自己的无力感。

Chapter 6

帮助儿童预防
自卑情结

如果儿童花了过长的时间才学会走路，这并不意味着这个孩子必然会发展出自卑情结。然而我们知道，心智发育正常的儿童，无法正常行走时所遇到的任何限制依旧会让他铭记在心。他觉得自己的处境很不愉快，即便身体机能上原有的缺陷在晚些时候会消失，他依然会用悲观的态度去面对未来的人生。比如许多曾经患佝偻病的儿童，虽然已经痊愈，却仍然留有后遗症：腿部弯曲、四肢笨拙、肺黏膜炎、头部畸形（方头）、脊柱弯曲、脚踝增大、关节无力、姿势不良等。他们心里还残留着生病期间的挫败感，以及由此而产生的悲观态度。这样的儿童看到同伴的行动那么轻松自在，不禁心生自卑和压抑。他们过分低估自己的价值，要么完全失去信心，几乎不再努力进步；要么被自己的绝境所刺激，尽管身体有缺陷，但仍然想要竭尽全力赶上身体健康的玩伴。由此可知，儿童显然尚不具备足够的智力来正确地判断他们的处境。

很重要的一点是，决定儿童发展的既不是他与生俱来的能力，也不是客观环境，而是儿童对外部现实的解释，以及对自身与外部现实关系所做出的解释。儿童对世界能带来的影响并不是最重要的，大人对孩子处境的评判也不是最重要的。对我们来说，最重要的是从孩子的角度来观察孩子的处境，并用孩子误以为正确的判断来解释它。我们不能期望孩子按照成年人的逻辑来行事，但必须认识到，孩子在解释其处境时会犯错。也必须记住，正因为儿童会犯错，所以我们才有机会对他们进行教育。如果一个孩子所犯的错误是人类必然会犯下的，我们就无法教育孩子成长和进步。因此，相信性格特征是与生俱来的人无法从事，也不应该从事教育孩子的工作。

健康的心灵并不必然存在于健康的身体中。如果一个孩子在身体有缺陷的情况下依然有勇气面对生活，我们会发现，健康的心灵也能存在于患病的身体中。相反，如果一个孩子身体健康，却由于一系列不利的环境导致他对自己的能力做出错误的解释，那么这也会造成不健康的心灵。只要在任何一个任务中遭遇失败，都会让孩子认为自己缺乏能力，这是因为这类孩子对困难特别敏感，他们把每一个障碍都看作是自己缺乏能力的证明。

一些在运动方面有困难的孩子，就连语言学习也会遇到很多障碍。学习说话通常应该与学习走路同时进行。当然，这两者没有必然联系，但它们主要由家庭教育和家庭环境这两个因素所决定。一些本来可以正常说话的孩子，但因为家人忽视了这方面的教育，导致他们说话出现了障碍。但显然，只要孩子没有听觉障碍且语言器官没有缺陷，他就应该在适当的年龄学会说话。如果孩子学会说话的时间有延迟，可能是因为以下两种情况。第一，孩子的视力极度敏锐；第二，父母过度溺爱孩子，什么都替他说，而不是让孩子尝试自我表达。这样的孩子要花很长时间才能学会说话，以至于人们认为他有听力障碍。当他最终学会说话时，他会对说话产生强烈的兴趣，甚至在未来很可能成为能说会道的演说家。德国音乐家舒曼的妻子克拉拉·舒曼直到4岁才会说话，8岁时也只会说一点。她是个古怪的孩子，内向腼腆，喜欢在厨房里无所事事地打发时间。从这一描述中，我们可以推断出她平时不会受到他人的打扰。她父亲说："令人惊奇的是，她如此明显的心理异常却把她的人生打造成美妙和谐的乐章。"克拉拉·舒曼的例子就是一种过度补偿。

人们务必要确保聋哑儿童接受特殊教育，因为越来越多的事实证明完全失聪的孩子只占少数。不论儿童的听力有多大缺陷，再微弱的听力都应该得到最大程度的开发和训练。来自罗斯托克市的大卫·卡茨教授已经向我们展示，那些被认为对音乐缺乏赏识力的孩子，经过他的训练后，都能懂得充分欣赏音乐和声音的美妙之处。

有时，当孩子在学校里的大多数科目成绩斐然，却有一门科目成绩很差时，特别是数学，孩子就会怀疑自己的智力有问题。数学不过关的孩子在学数学时一旦遇到困难，就会感到受挫，继而萌生退意。还有些家庭，比如艺术家的家庭，人们认为不通晓数学计算是一件值得炫耀的事情。此外，我们普遍错误地认为，男孩比女孩更擅长数学，其实有很多女性成为优秀的数学家和统计专家。因此，当女学生经常听到"男生比女生数学好"这样的话时，会感到十分受挫。

儿童的算术能力代表着一些重要的意义。数学是少数能给人安全感的知识领域之一，它也是一种思维的运作方式，通过数字就可以清理周围的混乱。严重缺乏安全感的人通常数学计算能力较差。

其他科目也是如此。写作可以把内心的意识表达出来，能够赋予个体安全感；绘画可以使转瞬即逝的光学印象化作永恒；体操和舞蹈表达的是身体的安全感，因为它们都需要对肢体进行绝对的控制，这也需要精神上的安全感。也许这就是众多教育工作者如此推崇体育运动的原因。

如果孩子学习游泳时感到非常吃力，很明显这个孩子有自卑感。如果孩子很容易就学会了游泳，这是一个好迹象，表明他也能克服其他困难。如果孩子觉得游泳学起来很困难，这表明他对自己和游泳教练缺乏信心。值得注意的是，许多刚开始学游泳感到吃力的孩子后来都成了优秀的游泳者。这些孩子对最初遇到的困难很敏感，但在学会游泳后，他们倍受鼓舞，把完美当作目标，不断努力和进步，因此他们变成了一流的游泳选手。

孩子特别依恋某个人，还是同时对几个人感兴趣，了解这一点很重要。通常，一个孩子最依恋自己的母亲。如果没有和母亲建立起依恋关系，他便转而依恋家庭中的另一个成员。每个孩子都拥有依赖他人的能力，除非他有智力障碍。如果一个孩子由母亲抚养长大，却与家里另一个人产生依恋关系时，我们要探寻其中的原因。显然，孩子不应该把所有的爱和注意力都集中在母亲身上，因为母亲最重要的职责是把孩子的关心和信任扩展到其他人身上。祖父母在孩子的成长过程中也扮演着重要的角色——通常是骄纵孩子的角色。这是因为老年人害怕自己不再被需要，因此发展出过度的自卑感，从而扮演起唠叨的批评者或心肠软、脾气好的长辈角色，这些长辈为了让自己在孩子的心目中变得重要，对孩子有求必应。当孩子们去祖父母家里住时，往往都被宠得不行，导致他们不愿意回家，因为家里有着严格的规则和纪律。一回到家，这些孩子就抱怨家里没有祖父母家舒服。我们在这里提到祖父母在孩子生活中所扮演的角色，是希望教育工作者在研究任何孩子的生活风格时不会忽略这一重要事实。

如果孩子由于佝偻病导致行动笨拙，而且在治疗之后并没有任何好转，这通常表明孩子在生病期间受了过多的照顾，变得过度骄纵。因此，母亲应该具备足够的智慧：即使孩子生病时需要特别的照顾，也不要扼杀孩子的独立性。

一个重要的问题是，孩子是否经常惹麻烦（详见附录1问题三）。如果情况属实，可以肯定的是，这位母亲和孩子的依恋关系过于紧密。她没能成功地让孩子自立。孩子的"惹麻烦"通常表现在睡觉、起床、吃饭和洗澡时，也表现为做噩梦或尿床。这些都表明他们在试图引起某人的注意。症状一个接一个地出现，这就好像孩子们发现了一个又一个可以控制家长的武器。可以肯定，当一个孩子出现这些症状时，说明他所处的环境有问题，而且，惩罚是没有效果的。为了证明惩罚没用，孩子甚至通常会招惹父母来惩罚自己。

还有一个至关重要的问题，那就是儿童的智力发展。这个问题有时很难正确回答，比较可取的方法是使用比奈-西蒙智力测量量表来进行解答。然而，这个测试也并不总能给出可靠的结果，这是所有智力测试都会面临的问题。这些测试结果不应该恒定不变地套用在孩子的一生之中。一般来说，孩子智力的发展在很大程度上取决于家庭环境。条件较好的家庭能够帮助孩子全方面发展，一个身体发育良好的孩子，他的精神也会发展得相对较好。不幸的是，正是这样的事实使得那些精神成长比较顺利的孩子被分配从事"有质量的工作"，或者更好的工作，而那些精神发育缓慢的人则被分配做卑微的工作。就我们所能观察到的，许多国家引进新的制度，为智力发展遇到障碍的儿童开设了特殊班级，这种制度颇有成效，班级里的大多数儿童来自贫困家庭。由此可见，如果这些贫穷的孩子能够在更有利的环境下成长，毫无疑问，他们能够和家境更好的幸运孩子竞争。

另一个需要考察的重要问题是，孩子是否曾经成为别人嘲笑的对象，或者因为被人取笑而感到受挫。有些孩子可以忍受这样的受挫感，另一些孩子则会失去勇气，在有益的工作中一遇困难就会逃避，因此把注意力转而放在自己的外表上，这正说明了孩子对自己没有信心。

如果孩子在与人相处的过程中，一直与别人处于斗争状态，害怕自己若不抢先攻击，别人会先下手为强，那么这说明了孩子对他的环境充满敌意。这样的孩子比较叛逆，认为听话就是服从，甚至认为礼貌地回答他人的问候是一种堕落的行为，因此用无礼的方式回应他人。他们从不向他人诉苦，因为他们认为别人的同情是在侮辱自己。他们也从不在别人面前哭，而且该哭的时候反而会笑，给人一种冷酷无情的感觉，但这只是一种害怕示弱的表现。他们所有残忍的行为都隐藏着自身的软弱。真正强大的人不会用残忍的方式对待他人。这些叛逆的孩子往往身上脏兮兮的，不修边幅，还会咬指甲，抠鼻子，变得非常固执。因此，我们需要鼓励孩子，让他们了解到自己做出这样的行为只是因为害怕表现出软弱。

第四个重要的问题是，孩子是容易结交朋友，还是不会与人友好相处？他是领导者还是跟随者？这些都与他的交际能力有关，也就是说，与他的社会感发展程度或受挫程度有关，还与他想要服从或统治他人的愿望有关。当一个孩子变得孤僻，这表明他没有足够的信心与他人竞争。他对优越的追求是如此强烈，以至于他害怕自己处于从属的地位。如果孩子表现出一种收集癖，这表明他想要增强自己的力量，超越别人。这种收集的倾向具有危险性，因为它很容易走向极端，发展成过度的进取心或贪婪。贪婪的心理彰显了内心的软弱感，这种软弱感激发内心去寻找一种精神支撑。当这些孩子认为自己被忽视时，他们很容易产生偷盗行为，因为他们比其他人更强烈地感受到自己缺乏关注。

第五个重要的问题是，孩子对学校的态度。我们要注意观察他是否磨磨蹭蹭，是否对去上学表现出紧张的情绪（这种情绪往往表明他不愿意去上学）。在某些情形中，孩子的恐惧有不同的表达方式。当有作业要做时，他们会变得急躁；他们学习时的紧张状态会引起心悸，甚至还可能伴有某些器官的变化，比如性兴奋。学校给孩子打分的制度并不总是值得推崇，如果不把他们按成绩分类，孩子们的心理就会卸下沉重的负担。学校长期以来形成的考试制度让孩子认定要拼命考一个好成绩，不好的分数就会造成无法抹去的坏印象。

我们还要看，孩子是自愿做作业，还是被迫做作业？忘记做作业表明孩子有逃避责任的倾向。有时功课做得不好以及对功课缺乏耐心，是他们逃避上学的一种手段，因为他们更愿意做其他事情。

下一个问题：这个孩子是否懒惰？当一个孩子功课不及格时，他宁愿以懒惰为借口，也不愿被人认为是缺乏能力。因为当一个懒惰的孩子出色地完成了一项任务时，他就会受到表扬，大人会说："如果他不懒惰，可以做出很多成就。"孩子对这种观点很满意，因为他认为不再需要证明自己的能力。这类儿童还有其他的缺点，比如缺乏勇气、不能集中注意力、总是依赖他人，以及那些喜欢扰乱课堂秩序来吸引关注的儿童也属于这个类型。

孩子对老师的态度是什么样的？这不是一个容易回答的问题。孩子们通常会隐藏他们对老师的真实情感。如果一个孩子不断批评、羞辱他的同学，我们可以认为这其实是孩子对自己缺乏信心。这样的孩子傲慢无礼，挑三拣四，总是觉得自己比别人懂得都多。他们用这种态度来掩盖自身的弱点。

比较难应对的是冷漠、缺乏同理心、消极被动的孩子。他们戴着隐藏自我的面具，但并不是真的冷漠。当这些孩子被逼得失去控制时，他们的反应通常表现为情绪突然爆发，甚至自我伤害。只要没有别人命令他们，他们便不会主动去做事情。他们害怕挫折，总是对他人评价过高。我们要鼓励这些孩子。

在体育方面表现出进取心的孩子，往往揭示出他们在其他方面也雄心勃勃，但实际上，他们因为害怕在其他方面遇到失败，才会在体育方面表现出色。在阅读上花费过多时间的孩子往往缺乏勇气，这也表明他们希望通过阅读来获得力量。这类孩子的想象力很丰富，但在面对现实时却很胆怯。同样重要的是，我们要注意儿童喜欢的故事类型，是小说、童话、传记、旅行日志，还是和客观科学有关的作品。青春期的孩子很容易受到色情书籍的吸引。不幸的是，每个大城市都有书店销售这种印刷品。愈发增长的性冲动和对性体验的渴望使他们的思想和注意力转向了色情书籍。因此，我们应采取措施来应对：为儿童步入成年期做好准备，在童年早期做好性启蒙，父母和孩子建立友好的亲子关系。

第六个问题涉及家庭的状况，即家庭疾病史，如酒精中毒、神经症、肺结核、梅毒、癫痫。重要的是，我们对孩子的身体发展史要有全面的了解。用嘴呼吸的孩子往往长相愚蠢，这是由于腺样体和扁桃体的肥大影响了正常呼吸。做手术切除这些组织是非常必要的，因为这会帮助孩子增加勇气，去应对学业问题。

家族疾病往往会对孩子的成长造成影响。患有慢性病的父母会给孩子带来沉重的负担，导致精神紧张和心理疾病笼罩着整个家庭。如有可能，我们尽量不要让孩子知道家里有人患有精神疾病，因为有人迷信说精神失常会遗传，而且精神失常会给整个家庭蒙上一层阴影。肺结核和癌症病例也会遇到同样迷信的说法。这些疾病都会给孩子造成心理阴影，最好的办法是让孩子离开这种家庭气氛。如果家庭成员中有慢性酒精中毒或犯罪倾向，经过长期的耳濡目染，这些都会变成孩子无法抗拒的毒药。然而，妥善安置从这些家庭中被带走的儿童，实行起来会有困难。癫痫患者通常性情急躁，会扰乱家庭生活的和谐。但最糟糕的是梅毒，如果父母患有梅毒，孩子通常也会遗传到这种疾病，导致他身体虚弱，并认为自己困难的生活充满悲剧且难以应付。

不能忽视的事实是，家庭的物质条件影响着孩子的人生观。如果贫困家庭的孩子把自己与良好家境的孩子做个对比，就会有一种匮乏感。如果家庭经济状况变差，那些原本生活在小康家庭的孩子会无法离开已经习惯的舒适生活，难以应对往后的生活。如果祖父母比父母过得好，就会加剧孩子的紧张感，就像彼得·金特（Peter Ghent）的例子一样，这样的想法挥之不去：他的祖父声名显赫，位高权重，而他的父亲却一事无成。因此，为了抗议父亲的懒惰，孩子往往会变得非常勤奋。

如果孩子第一次与死亡的接触来得过于突然，往往会对他的一生造成巨大影响。如果一个对死亡毫无准备的孩子突然面对死亡，第一次意识到生命会有终日，这会让他感到极度受挫，或者至少会使他变得非常胆小。我们通常会在医生的传记中发现，他们选择这个职业是因为有过直面死亡的遭遇，这也证明了对死亡的认识会深深地影响着孩子。因此，我们并不建议父母在死亡这个话题上加重儿童的心理负担，因为他们不能完全理解什么是死亡。比如孤儿或继子常常把自己的不幸归咎于父母的亡故。

知道谁在家庭中掌握决定权是非常重要的。家庭的决策者通常是父亲。如果母亲或继母在家里十分强势，会导致不正常的结果，父亲也常常因此失去孩子的尊重。如果母亲是个非常强势的人，那么她的儿子通常会对女性产生某种难以摆脱的恐惧。这样的男人要么避开女人，要么让自己家庭里的女人过上不愉快的生活。

而且，我们有必要进一步了解父母对孩子的养育是严厉还是过度温和的。个体心理学家认为，在养育孩子时，不应该使用严厉或过度温和的方法。在养育过程中，我们需要理解孩子，避免犯错，不断鼓励孩子去面对和解决问题，以及培养孩子的社会感。父母过于严厉会伤害孩子，因为他们完全挫伤了孩子的积极性。而父母对孩子的骄纵会让孩子习惯依赖和依附他人。父母应该避免给孩子灌输过度美好的未来，也不要用悲观的语言描述世界。他们的工作是帮助孩子尽可能做好准备从应对未来的生活，这样孩子才能学会照顾自己。没有学过如何面对困难的孩子，会想要避免所有困难，这导致他的活动范围越来越窄。

知道是谁负责照看孩子也很重要。母亲没有必要经常和她的孩子在一起，但她必须把孩子交给熟悉且懂得养育的人来照顾。教育孩子最好的方法是让他在合理的范围内从经验中学习，如此一来，孩子不是遵循别人强加的限制来行动，而是根据客观事实的逻辑行动。

第七个问题说的是孩子在家庭星座中的位置。家庭星座最能解释孩子的性格。独生子女往往处于特殊的处境，而家中最小的孩子，或者只有姐姐妹妹的男孩子，和只有哥哥弟弟的女孩子，也同样处于特殊的地位。

第八题是关于职业的选择。这是一个重要的问题，因为它向我们揭示了环境的影响，还能看出孩子勇气和社会感的发展程度，以及生活节奏。白日梦（第九题）和童年早期回忆（第十题）同样具有重要意义。那些学会解读童年回忆的人常常能从中发现孩子整个的生活方式。梦也能指示出孩子的发展方向，看出他在遇到问题时是积极解决还是消极逃避。同样的，了解一个孩子是否有语言缺陷，他的相貌是好看还是丑陋，身材好还是不好，这也是非常重要的（第十三题）。

问题十四，孩子是否愿意公开谈论他的处境？有些孩子把自我吹嘘作为弥补自卑感的一种方式。另一些孩子则拒绝交谈，担心自己吃亏上当，或者担心暴露自己的弱点会带来新的伤害。

问题十五，如果孩子在某个科目，比如绘画或音乐，取得了成功，我们要借此鼓励他们在其他科目也取得进步。

如果孩子到了15岁还不知道自己想成为什么样的人，这说明他感到彻底的受挫，我们要采取相应的措施帮助他摆脱受挫感。这时，我们必须考虑家庭成员的职业以及兄弟姐妹之间的社会地位差异。父母不幸福的婚姻会损害孩子的整体发展。因此，教师的职责是对孩子和他所处的环境形成正确且谨慎的判断，并根据个体心理学问卷（见附录1）所获得的信息对症下药，帮助孩子获得改善。

Chapter 7

社会感及其发展的阻碍

我们在前面的章节讨论过，人都会追求优越感。但我们发现有一个与之形成鲜明对比的倾向，那就是许多儿童和成人能够与他人合作完成任务，并从造福社会的观点出发，让自己成为对社会有用的人。用"社会感"（社会意识）这个词可以最恰如其分地描述这些表现。那么，社会感的根源是什么？这是一个有争议的问题。但是，就笔者目前对人类心理的发现来说，社会感的根源与人的概念本身有着不可分割的联系。

也许有人会问，和优越感相比，社会感是否更受先天因素的影响。其实，这两者在本质上有着相同的内核。社会意识和出于个人主义而追求优越感，都是基于相同的人性。它们都表达了人类从根本上对肯定的渴望，只是表现形式不同。不同的形式暗含着对人性的不同看法。因此，个体对优越感的追求所暗含的看法是，个人是可以脱离群体的；而社会意识所暗含的看法是，人对群体有着某种依赖。从人性的角度出发，毫无疑问，社会感优于个人主义的追求。前者代表了一种更健全，而且逻辑上更合理的人生观，而后者，虽然在个人生活中很常见，但它只是一种表层的观点。

如果要了解社会感为什么更具合理性和逻辑性，我们只需要从历史的角度来考察人类，就会发现人总是生活在群体之中。这样的事实并不让人感到惊讶，进一步思考就会发现，如果某种生物仅凭个人力量无法保护自己，就会为了自我保护而不得不群居在一起。我们只需要将人类与狮子进行比较，就会意识到人类作为一种动物，独自生存是非常不安全的，而其他大多数体型与人类相当的动物都拥有更强壮的身体，具备更好的武器来进行身体攻击和防御。达尔文观察到，所有被大自然忽略、防御能力不足的动物总是成群行动。例如，红毛猩猩凭借其巨大的体型和强壮的体质会与配偶单独生活，而类人猿家族中体型较小、体质较弱的成员总是成群出现。正如达尔文所指出的，对于没有被大自然赋予爪子、尖牙、翅膀等自我保护手段的动物个体，那么作为一种替代或补偿，它们会形成群体生活来保护自己。

对于独自生存能力较弱的动物，群体的形成不仅是一种取长补短的方式，而且还促使它们发现保护自己的新方法，从而改善它们的处境。例如，猴群中，有一些群体知道如何派遣侦察兵去探测敌人的存在。通过这样的方式，它们可以发挥集体的力量，以弥补群体中每个成员的弱点。同样我们还发现，如果一群野牛聚集在一起，就可以对抗个体实力比他们强大得多的单个敌人，并成功地保卫整个群体。

研究这些问题的动物社会学家也在报告中指出，我们经常发现在这些动物群体中有一些既定的规则，它们的效用等同于法律。因此，猴群中的侦察兵必须按照某些特定的规则生活，哪怕犯下一点小错，都将受到整个猴群的惩罚。

关于这一点很有趣的是，许多历史学家断言，人类最古老的法律主要针对的是部落守护者。如果情况属实，我们就大概理解了，群体概念的发明是因为弱小的动物无法保护自己。在某种意义上，社会意识感反映出身体的脆弱，对两者不能割裂地看待。因此就人类而言，培养社会感的最重要时期就是婴儿期和儿童期，因为这时他们比较弱小无助，发育也较为缓慢。

在动物界，除了人类，没有哪种生物的幼崽像人类婴儿那般感到彻底的弱小和无助。而且比起其他生物，人类儿童需要较长的时间才能成年。这并不是因为儿童在进入成年期之前必须学习大量的内容，而是因为他发育的方式决定了他需要这么长的时间。因为人类儿童机体较弱，他需要父母更长时间的保护，如果得不到这种保护，人类早已灭绝。我们可以把儿童身体的脆弱视为把教育和社会意识相结合的契机，因此，我们必须对他们进行有利于社会的教育。因为只有依靠群体，孩子才能克服自身的不成熟。

在儿童教育的所有规则和方法中，必须始终融入社会生活和社会适应的观念。不管是否意识到，我们总是从社会的角度来看待事情的。对社会有利的事情总是给我们留下较好的印象，而通常对社会不利或有害的行为总是留下较差的印象。

如果我们认为教育的某些方面出现了错误，是因为我们觉得它们会对社会产生有害的影响。事实上，人类一切伟大的成就以及所有能力的发展都受到社会生活的影响，同时在社会感的带领下，朝着对社会有利的方向发展。

以语言为例。独居的人不需要关于语言的知识，而人类发展出语言无疑表明了群体生活的必然性。语言是联结人与人之间独特的纽带，同时也是人们共同生活的产物。只有当我们从社会的概念出发，才可能理解语言所代表的心理。独居的人对语言不感兴趣，而如果他想要参与群体生活，就要具备语言能力。如果儿童缺乏这种能力，那他的成长环境是孤立的，语言能力也会变得迟钝。人类在语言方面的天赋，只有在与他人密切接触时才能习得和提高。

人们普遍认为，有些孩子比其他孩子更擅长表达，是因为他们更具备语言天赋，其实这并不正确。说话吃力或很难用语言和他人交流的孩子，通常他的社会感不强。语言能力不强的孩子往往是被宠坏的孩子，在他们表达自己的要求之前，他们的母亲已经做好了一切。正因为不需要说话，他们便失去了和社会沟通的机会，也丧失了社会适应的能力。

也有一些孩子不愿意说话，因为父母从来不允许他们说完一句话,也不让他们自己回答问题。还有些孩子不愿说话是因为担心被嘲笑或奚落,内心有受挫感。大人对孩子说话时不断纠正和挑剔,这似乎是儿童教育中普遍存在的错误。它导致的可怕结果是,这些孩子长期背负着自卑感,从此一蹶不振。我们可以从这些人身上观察到,他们在开始说话之前会千篇一律地这样介绍:"我想说几句,但请不要笑话我。"我们常听到这句话,就能意识到这类人小时候常被他人嘲笑。

有这样一个例子,一个能正常听说的孩子有着一对既聋又哑的父母。当他受伤时,他总是无声地哭泣。因为他觉得受伤时发出声音是没用的,要让父母看到他的痛苦,他们才能知道发生了什么。

如果没有社会感的引领,人类其他能力,例如理解力或逻辑能力的发展是难以想象的。完全与世隔绝的人不需要逻辑,或者说他的逻辑需求和动物差不多。但是,身处社交环境的人必须运用到语言、逻辑和常识,必须发展出社会感。社会感是所有逻辑思维的最终目标。

有时候,人们的行为表面上看来是愚蠢的,但实际上,这些行为却相当明智,因为它能帮助这些人实现个人目标。这些人认为其他人和他们的想法一样,这表明在做判断时,社会感或常识会对我们产生重大影响。如果群体生活并不复杂,个体无须应对这么多问题,那么我们也不会发展出常识。因此我们很容易想象,原始人之所以一直停留在原始水平上,是因为他们的生存比现在更为简单，这种简单性无法激发他们进行更深层次的思考。

在人类语言能力和逻辑思考能力中，社会感起着极其重要的作用。这两种能力几乎可以被认为是神圣的。如果每个人只想着解决自己的问题和使用自己的语言，而不顾生活其中的群体，就会产生混乱。社会感可以让每个人产生一种安全感，这也是人在生活中的主要支撑。社会感和我们从逻辑思维和真理中获得的信心并不完全相同，但它是这种信心很重要的组成部分。举例来说，为什么所有人都笃信算术，甚至认为能用数字表达的东西才是更精确地贴近现实的呢？原因是数字运算更容易在人类中交流传播，同时也更容易在头脑中进行操作运算，而无法与人交流和分享的真理并不被认为具有信服力。这种思路无疑来源于柏拉图，因为他就曾试图将所有哲学模型建立在数学上。他希望哲学家们回到"洞穴"，去参与人类同胞的生活。可以看出，他的理论和社会感紧密联系在一起。他认为，如果安全感的来源缺少了社会感，那么即便是哲学家也无法正确地生活。

如果孩子缺乏安全感，那么在与他人接触或必须单独执行任务时，这一点便会显露出来。在面对学校那些需要客观、逻辑思维的科目（如数学）时，可以特别明显地看出他们是缺乏安全感的。

一个人在童年时期所接受的观念（例如道德情感、伦理等）通常是片面的。很难想象一个完全独居的人能发展出道德观念，而只有当我们顾及社会和他人的权利时，道德才会出现。当我们论及美感和对艺术创作的偏好时，道德和社会的关系看起来并没有那么紧密。然而，即便在艺术领域，我们也能普遍感受到艺术对健康、力量、正确的社会发展等方面的理解。艺术的界限是比较有弹性的，也意味着艺术创作的空间更多留给了个人品位。然而总的来说，即使是美学，也要遵循社会发展路线。

如果有人问这样一个实际的问题——如何才能知道一个孩子的社会感发展到了什么程度？我们的回答必然是：某些行为表现可以看出孩子社会感的发展程度。例如，当看到孩子在追求优越的过程中，不顾他人而自己挤到最前面时，可以肯定，这些孩子的社会感比那些懂得顾及他人的孩子要弱。在当代文明社会里，每个孩子都在追求个人优越。个人至上的孩子，他的社会感通常都没有得到充分的发展。这就是人类的批评家们，无论是古代的还是现代的道德家们一直在抱怨的情况——人的本性就是自私自利，更考虑自己而非他人的利益。但这个观点总是以说教的形式出现，对儿童或成人都没有效果，因为仅仅是阐述这条公理无济于事，人们最终都会安慰自己，认为其他人比自己好不到哪里去。

当我们面对思想混乱，以至于发展出害人或犯罪倾向的孩子时，必须认识到，再多的道德说教也没有任何效果。在这样的情况下，更可取的做法是进一步深入调查，以便找到源头，根除不良行为。换句话说，我们必须放弃法官的角色，而承担起同伴或医生的角色。

如果我们不断告诉一个孩子他很坏或很笨，他很快会信以为真。如此一来，他就没有足够的勇气去面对任何困难。结果，这个孩子无论做什么都会失败。因此，他更相信自己是愚笨的。其实他并不明白，外部环境本来就摧毁了他的自信，他潜意识里带着这种不自信并据此安排自己的生活，以证明他对自己的错误判断是正确的。这个孩子觉得自己的能力不如同伴，他的能力和发展潜能受到限制。他明显表现出沮丧，而这种沮丧程度与不利的环境对他施加的压力成正比。

个体心理学想要说明的是，孩子所犯的每个错误都能体现出环境的影响。例如，在一个不修边幅的孩子身边，一定有一位把孩子的生活打理得井井有条的家长；一个说谎的孩子总是受到强势家长的影响，而家长会用严厉的手段来纠正孩子的撒谎行为。我们甚至可以在孩子的吹嘘中发现环境影响所留下的痕迹，这类孩子通常认为表扬是必要的，而完成任务并不重要；在追求优越的过程中，他会不断寻求来自家庭成员的表扬。

每个孩子的生活中或多或少都会经历被父母忽视或误解的情况，因此，在一个多子女家庭中，每个孩子的处境各不相同。老大有一段时间处于独生子女的独特地位，这种经历是老二无法体验到的。老幺也会有自己独特的经历，因为在某段时间内,他是家里最弱小的人。每种情况都会有细微的差别。如果两个兄弟或者两个姐妹一起长大,年长和有能力的哥哥或姐姐自然已经克服了弟弟或妹妹还需要克服的某些困难,所以,年幼的弟弟妹妹觉察到自己处于相对不利的位置。为了弥补这种自卑感,他们可能会加倍努力,来试图超过哥哥或姐姐。长期为儿童做咨询辅导的个体心理学家通常能察觉出儿童在家庭中的位置。当年长的孩子取得了正常的进步,年幼的孩子就会受到刺激,并付出更大的努力来追上年长的孩子。因此,小的孩子通常更活跃,更有攻击性。如果年长的孩子身体虚弱,发育缓慢,年幼的孩子就不会被迫在竞争中做出如此巨大的努力。

因此,确定孩子在家庭星座中的位置很重要,因为只有知道这一点,才能完全了解他。在家庭中,老幺的性格特征会很明显地显露出来。当然也有例外,但一般来说,往往老幺想超越所有人,一刻也静不下来。而且因为他认定自己得到的必须比所有人都多,这种信念会激发他采取进一步的行动。观察儿童的家庭星座及性格特征对儿童教育有着重要的意义,因为这会影响我们采用的教育方法。我们不可能把同样的规则都生搬硬套在所有孩子身上,每个孩子都是独一无二的,虽然我们会根据某些类型对孩子进行分类,但必须小心谨慎,把每个孩子依旧视作独特的个体。虽然在学校里几乎无法做到个性化教育,但在家庭中却可以实现。

家里的老幺总是想成为众人的焦点,就像在拍照时永远想占据重要位置的人,而且在很多时候他都能成功地得到他人的关注。这是我们需要考虑的因素,因为它有力地反驳了"心理特征是遗传的"这个概念。当我们发现,不同家庭的老幺之间有非常多的相似之处,那么用遗传来解释这个观点是无法令人信服的。

另一种类型的老幺与上面描述的活跃特性正好相反,他们会变得极度受挫,怠惰成性。这两种类型之间看似存在着巨大差异,但可以从心理上给出解释。对于那些有着过度进取心、想要超越他人的人来说,他们非常容易被困难阻碍。当他的进取心使他感到无法满足,且障碍看起来无法克服时,他会比那些不在意目标的人逃得更快。这两类孩子身上都体现了拉丁谚语"不为恺撒,宁为虚无"所描绘的现象,也就是我们所说的"要么全有,要么全无"。

《圣经》中关于老幺的描述,可以很好地证明他们的性格与我们总结的完全一致,例如约瑟、大卫、扫罗等人的故事。有人可能会反对,例如约瑟有个弟弟,名叫本杰明,但事实上弟弟是哥哥 17 岁时出生的,所以约瑟在小时候确实算是家里最小的孩子。在生活中,我们经常看到老幺成为家庭的顶梁柱。我们不仅在《圣经》中,也在童话故事中找到证据证实这一说法。在德国、俄罗斯、斯堪的纳维亚或中国的童话故事中,老幺往往会超越他的哥哥姐姐,获得成功。这不可能只是巧合。这大概是由于在古老的年代,老幺的形象比现代的老幺形象要突出得多。因为在原始条件下，他们的性格更容易被他人留意，也会得到更仔细的研究和观察。

儿童根据自己在家庭星座中所处的位置发展出某些性格特征，关于这点我们还可以写得更多。各个家庭中的老大们也有许多共同的特点，可以分为两种或三种主要类型。

本书作者已经对这个问题研究了很长时间，但没有很好的头绪，直到偶然发现冯塔纳自传里的一段话，才真正理清了思路。冯塔纳在书中描述了他那位作为法国移民后代的父亲，对于波兰和俄国的战争有着怎样的感受。例如，当父亲在新闻里读到一万个波兰人打败了五万个俄国人，使他们溃不成军的消息时，他总是非常高兴。冯塔纳无法理解父亲的喜悦，相反，他持反对意见，因为他认为五万个俄国人绝对比一万个波兰人要强，"如果五万比一万都打不赢，真是天理难容，因为强者永远都是强者"。读到这一段时，我们立即可以得出结论：冯塔纳是家里的老大！因为只有家里年龄最大的孩子才会说出这样的话。他怀念自己作为独子时在家里拥有的权力，觉得被一个比他弱的人推下"王位"是不公平的。事实上，我们发现家里年龄最大的孩子通常趋向于保守，他们对权力、规则和牢不可破的法律坚信不疑，倾向于坦率地接受专制思维，而不为此感到歉意。他们对权力位置的态度是合乎情理的，因为他们也曾拥有过这样的权力。

正如我们说过的，老大的性格类型也有例外。这里要说一个例外,涉及儿童生活中迄今为止被忽视的一个问题。比如哥哥在妹妹出生后,扮演起悲惨的角色。我们从那些迷茫困惑、极度受挫的哥哥们的描述中(尽管他们没有直接指名道姓),往往能看出问题来自他有一个聪明的妹妹。这种情况并非偶然,我们可以给出一个很合理的解释。在当今文明中,人们普遍重男轻女。长子通常会被家里宠坏,被父母寄予厚望,所以在妹妹突然出生之前,长子一直处于有利地位。在这种情况下,家里突然多了一个妹妹,哥哥会把她视为讨厌的入侵者,要和她对着干。这会促使女孩拼命努力,如果努力变得过度会使她精神崩溃,如果努力适度,那么这种刺激会影响她的一生。女孩的快速成长让哥哥感到害怕,他突然看到自己幻想的男性优越感被摧毁了,感到不安。而且由于自然的生理规律,14至16岁的女孩在心理和生理上的发展都比男孩快,他的不安全感很可能最终演变成彻底的失败感。他很容易对自己失去信心,从而放弃和妹妹的斗争。他会给自己一个看似合理的借口,或者在自己前进的方向上设置障碍,把它们作为不再努力的借口。

有很多这样的长子,因为他们觉得自己不够强壮,无法与妹妹竞争,便感到困惑、绝望,莫名其妙变得懒惰,或者紧张不安。这样的男孩有时对女性有着深仇大恨。因为很少有人了解他们的处境,也无法向他们解释,所以他们承载着悲惨的命运。有时情况会发展到这样的地步,以至于父母和其他家庭成员会抱怨:"为什么不是反过来呢?为什么不是哥哥更优秀,而是妹妹更优秀?"

如果有些家庭里只有一个男孩,其他都是女孩时,这类男孩也会具有共同的特征。在这样的家庭里,女性不可避免地占主导地位。这个男孩要么被家里所有的人宠溺,要么被所有的女性排斥。

虽然每个男孩生来就是独一无二的,但他们具有某些共同的特征。人们普遍有这样一种观念:男孩不应该只被女性教育。这句话我们不应该只从字面意思了解,因为所有的男孩起先都是由女性抚养的。这句话的真正意思是,男孩不应该在只有女性的环境中长大。这个论点并不是在反对女性,而是想要避免误解。这也适用于在多个兄弟中长大的女孩。这些男孩通常看不起女孩,因此,她会试图模仿男孩,想和他们平起平坐,这为她以后的生活带来不利的影响。

无论一个人有多么宽容,都不可能认同对女孩和男孩进行同质化的教育。虽然人们可以暂时这样做,但某些不可避免的差异很快就会显现出来。人的身体结构不同,导致男性和女性在生活中扮演不同的角色。这会影响我们的职业选择,对自己女性角色不满意的女孩有时会发现很难适应为女性设计的职业。当我们谈到为婚姻做准备的问题时,很明显,在婚姻中对女性角色的教育必须不同于对男性角色的教育。对自己性别不满意的女孩会反对结婚,认为结婚是对个人的贬低。如果结婚了，她们会试图掌控整个家庭。被当成女孩来抚养的男孩在适应当代文明形式的过程中，也会经历很大的困难。

在考虑这些的时候，还必须谨记，一个孩子的生活风格通常是在他四五岁的时候决定的。在这几年里，我们要培养孩子的社会感和适应社会所必需的灵活性。等到孩子 5 岁时，他对周围的环境形成了固定的、机制化的态度，在他的未来生活中，这种态度或多或少会朝着同一个方向发展。他对外部世界的感知和诠释也不会有太大变化；他被自己固有的观点所限制，不断重复原有的心理机制和由此产生的行为。同时，他也只能发展出符合他个人心理的社会感。

Chapter 8

儿童在家庭中的位置：心理处境和补救方法

我们已经看到，儿童会在无意识中对自己所处的环境做出个性化的解释，并根据这些解释来发展自己的人格。我们也看到，老大、老二和老三在家庭星座中都有其特殊的位置，并根据他们的家庭位置以不同的方式发展。儿童的早期处境可以看作是对孩子性格发展的一种考验。

对儿童的教育开始得越早越好。在成长过程中，儿童形成了一套特定的规则或公式来规范自己的行为，这种规则或公式会指导他们的行为和对不同环境的反应。当儿童年纪尚小时，他正在构建指导他未来行动的特殊机制，这种机制初见端倪。后来，由于多年的训练，这种行为模式被固化，他的反应不再是客观的，而是按照无意识中对过往经验的个性化解释而行动。当一个孩子对特定的情况或自己应对特定困难的能力做出了错误的解释，这个错误的判断将决定他的行为。等这个孩子成年时，再多的逻辑或常识都无法改变他的行为，直到我们纠正他在孩童时期形成的错误解释，他的行为才可能改变。

儿童的发展过程必然会涉及他的主观体验，因此教育工作者要研究儿童的个性。正是这种个性提醒我们，不能把一般的规则套用在所有儿童的教育中。这也是为什么同样的规则应用在不同的儿童身上会有不同的结果。

相反，当看到不同的儿童以几乎相同的方式对同样的情况做出反应时，我们不能说这是自然规律造成的，实际上正是因为人类普遍缺乏对事物的理解，所以才会容易犯同样的错误。人们通常认为，当家里的另一个孩子出生时，原来的孩子往往会心生嫉妒。我们可以用反例来驳斥这种概论。另一种观点认为，如果我们知道如何让孩子为弟弟或妹妹的到来做好准备，他们就不会产生嫉妒心。一个犯错误的孩子好比一个站在山路分叉口前的人，他不知道该何去何从。当他终于找到正确的路，来到下一个城镇时，听到人们惊讶地说："走那条路的人几乎都会迷路。"儿童犯错往往是因为走入这些诱人的道路。这些路看起来比较好走，因此会对孩子产生吸引力。

还有许多其他情况对孩子的性格有不可估量的影响。我们经常在一个家庭中看到两种不同的孩子，表现好和表现差的孩子。如果深入调查，会发现表现差的孩子强烈地渴求优越感，想要支配所有人，并完全掌控其所处的环境。为了引起他人的关注，屋子里充满了他的哭闹声。相比之下，另一个孩子则安静、谦虚，是家庭的宠儿，被家人当作是表现差的孩子应该学习的榜样。父母们不明白为什么在同一个家庭中会出现性格截然相反的孩子。通过调查我们能够看到，表现好的孩子发现他能够通过良好的行为获得更多的认可，并以此在竞争中成功地击败表现差的孩子。当两个孩子存在着这种性质的竞争关系，且老大在无论如何都无法超过老二的前提下，那么老大会努力地往相反的方向发展，变得非常调皮。老大发展出这样的行为也是可以理解的。根据我们的经验，这样调皮的孩子经过教化甚至可以变得比他们的手足更加优秀。经验也表明，对优越感的强烈渴望可以在两个极端的方向上表现出来。我们在学校也看到了同样的事情。

即便两个儿童在相同的环境下长大，也不能断言他们会变得完全一样。更何况，世界上没有两个孩子是在完全相同的环境下长大的。一个品性良好的孩子，可能是因为家里有一个表现差的孩子。事实上，很多孩子起初表现得很好，后来却变成了问题儿童。

有一个17岁的女孩，她在10岁之前一直是一个表现良好的模范儿童。她有一个比她大11岁的哥哥。哥哥因为在妹妹出生之前做了11年的独生子，被家人宠坏了。当妹妹出生时，这男孩并没有对她产生嫉妒，他只是继续他的惯常行为。小女孩10岁时，哥哥开始长时间离家，她便成为家中唯一的孩子，这种处境使她心态发生变化，她开始不惜任何代价都要让事情按自己的方式发展。她生长在一个富裕的家庭，所以当她还是个孩子的时候，父母能轻易满足她的每一个愿望。当她长大后，父母不可能满足她所有的愿望了，因此她开始表现出不满。她利用家庭的经济信用，年纪轻轻便开始负债，短时间内欠下了一大笔钱。这表明了她选择另一条路来实现她的愿望。当母亲拒绝答应她的要求时，她平日良好的行为就会消失得无影无踪，继而和家人发生激烈的争吵，哭闹不止，结果这个女孩变得非常不讨人喜欢。

从这个案例和其他类似案例中，我们得出的一般结论是：一个孩子可以通过良好的行为来满足他对优越感的追求，但当情况发生变化时，我们无法确定这种良好的行为是否还会持续。个体心理调查问卷的好处是，它可以让我们了解儿童的全貌和行为活动、他与周围环境以及他与所有人的关系。问卷中总能显现出儿童生活风格的一些蛛丝马迹，当我们研究孩子和从问卷调查中获得的信息时，我们会发现他把自己的性格特征、情绪和生活风格当作追求优越的工具，帮助他提升价值感并获得声望。

我们在学校里经常能见到这样一类儿童，他们的行为似乎与上述的描述相矛盾。这种孩子十分懒惰，比较内向，不论是知识、纪律教导或他人的纠正都对他产生不了影响，他生活在幻想的世界里，从来不会表现出对优越的追求。然而，只要有足够的经验，我们就会意识到这其实也是追求优越的一种形式，尽管这种形式看起来比较荒谬。这类儿童不相信自己有能力通过寻常的方式获得成功,因此逃避一切提高自身的手段和机会。他把自己隔绝起来,给人一种冷漠的印象。然而,这种冷漠并不代表他的整体性格,在冷漠的背后,其实隐藏着一个异常敏感、战战兢兢的人,他需要这种外在的冷酷来保护自己不受伤害。冷漠是他披上的铠甲,这样就没有人能接近他。

当我们找到方法引导这类儿童开口说话时,就会发现他们过于专注自己,经常在做白日梦,幻想自己是无比伟大的人物。这些儿童的白日梦完全脱离了现实。他们假装自己是所向披靡的英雄,或者是权力至高无上的暴君,或者是拯救苦难大众、牺牲自我的烈士。不仅在白日梦中,而且在行动中,这类儿童经常有扮演救世主的倾向。当其他小朋友有危险时,他们会挺身而出。他们会训练自己为现实可能发生的危险做好准备,当机会来临时,如果他们对自己有信心,就会扮演拯救者的角色。

有些白日梦会重复出现。在君主制时期的奥地利,有很多孩子梦想着拯救国王或王子于危难之中。当然,父母从不知道他们的孩子有这样的想法。可以看到的是,经常做白日梦的孩子无法适应现实,也无法让自己成为对社会有用的人。在这种情况下,幻想和现实之间有很大的差距。孩子们有时会选择中间的道路:一边继续做白日梦,一边适应现实。有些孩子根本不做任何调整,越来越从现实世界退缩到他们自己创造的世界。还有一些孩子并不关注幻想世界,对阅读和想象力有关的作品也不感兴趣，只专注于和现实相关的作品——旅行游记、狩猎趣闻、历史等等。

毫无疑问，儿童应该要有想象力，也应该乐于接受现实。但要牢记，儿童不会像大人一样看待事情，他们认为世界只分黑白好坏。在理解儿童时，我们应该记住一个重要的事实，那就是他们很容易将一切事物划分为对立面：上或下、全善或全恶、聪明或愚蠢、优越或低劣、有或无。成年人也使用同样对立的模式来感受和认识世界。众所周知，我们很难摆脱这种思维方式，例如，尽管从科学的角度看，热和冷的唯一区别只是温度不同，但我们还是会把热和冷视为对立面。我们不仅在儿童身上经常发现这种对立的感受和认知模式，而且在哲学发展的初期也发现了这种模式。在早期的希腊哲学中，对立的思想占据主导地位。即使在今天，几乎每一个业余哲学家都试图用对立面来衡量事物的价值。他们中的一些人甚至建立了词汇对照表：生和死、上和下、男和女。儿童的认知模式和古代的哲学认知模式有显著的相似性。因此我们可以认为，那些习惯于把世界划分成鲜明对立面的人，仍然保留着他们儿童时期的思维方式。

按照这种对立认知模式生活的人有一个思维公式，这个公式可以用"要么全有，要么全无"这句格言来表达。当然，这样的理想在这个世界上是不可能实现的，但人们还是会按照这个理想来调节自己的生活。对人类来说，要么拥有全部，要么一无所有,是不可能的,在这两个极端之间存在着层层过渡的状态。这个思维公式主要体现在那些有强烈自卑感的儿童身上。为了补偿自卑感,他们会变得异常的雄心勃勃。历史上有过几个这样的人物,例如恺撒,他在谋求王位时被朋友杀害。他很典型地表现出"要么全有,要么全无"的思维,因此才说出传世格言:"不为恺撒,宁为虚无。"许多儿童的特性和性格特征都可以追溯到这种"要么全有,要么全无"的观念,例如固执。在儿童的生活中可以找到许多证据:他们已经形成了个人的处世哲学,或者违背常识的个人认知。比如有一个非常固执的四岁小女孩。一天,妈妈给她一个橘子,小女孩接过橘子扔在地上说:"你拿给我的,我不要,我想要的时候我自己会去拿!"

对于懒惰的儿童来说,如果他们无法获得一切,就会越来越退缩到自己的白日梦、幻想和空中楼阁的空虚之中。但是,我们不能太快地假定这些儿童会迷失自我。我们很清楚,敏感的人很容易从现实中退缩,因为他们创造的幻想世界一定程度上保证他们免受进一步伤害,但这种退缩并不一定意味着他们没有适应社会的能力。无论是作家、艺术家,还是科学家,都必须与现实保持一定的距离,因为他们也需要良好的想象力。白日梦所唤起的幻想,只不过是一个人为了避免生活中可能发生的不愉快和失败而试图走的弯路。我们不能忘记,只有那些想象力丰富,且能把自己的幻想与现实结合起来的人才能成为人类的领袖。他们之所以成为领导者，不仅因为他们受过更好的教育，观察力更敏锐，还因为他们有勇气，敢于面对生活中的困难，并最终成功地解决问题。我们从伟人的传记中往往能够看到，虽然他们在孩提时代并不重视现实，甚至是坏学生，但他们确实培养了一种非凡的能力，能敏锐地观察周围发生的事情，所以一旦条件变得更有利，他们会鼓起勇气，向现实的挑战发起战斗。当然，如何把儿童培养成伟大的人并无规律可循，但必须记住，我们绝不能粗暴地对待孩子，一定要鼓励他们，向他们解释现实生活的重要性，这样他们就不会在幻想和现实世界之间制造鸿沟。

Chapter 9

用新环境考验儿童是否做好准备

无论在什么时候，人格的表达方式都具有一致性，所以人的心理不仅是完整的统一体，也是时间上连续发展的。在时间长河中，人格的发展是渐进式的，不会经历突然的跳跃，因此现在和未来的行为总与过去的性格有着一致性。这并不是说人的一生就像机械一样，过去的经验和遗传直接决定了人生中发生的事件，而是说未来和过去是紧密相连且不可分割的。虽然我们无法得知自己的肉体隐藏了什么，也就是说，直到我们展示能力的那一刻，才能了解自己拥有的全部潜力，但我们也不可能一夜之间就突然开窍，了解自己的所有事情。

人的心理生活不是机械般地由某些事物决定，而是连续不断地发展着。基于这个事实，才有了对个体进行教育和提升的可能性，才可以在任何规定的时间里检测个体性格发展的状况。当一个人进入新环境时，他隐藏的性格特征就会显露出来。如果我们可以直接对个体进行实验，让他们经历一些意想不到的新情况,就能据此了解他们的发展状况。在这种情况下这些人的行为必然与他们过去的性格相一致,并且以通常无法显露的性格也表现了出来。

如果要洞察孩子的性格,最佳时期也许是在环境发生转变的时候,比如从家庭到学校的过渡期,或者当家庭突然出现变故时。这时,孩子性格的局限性就像把相机底片放入显影液中,会逐渐清晰地浮现出来。

我们曾经观察过一个被收养的孩子。他被看作是无可救药的,动不动就发脾气,谁也不知道他下一步要干什么。我们和他说话时,他显得很笨拙,说的话和我们的问题毫不相关。了解整个情况之后,我们认为:这个孩子在养父母的家里已经待了几个月,依旧对他们心存敌意,因此可以看出他不喜欢那个家。

这是我们当时能得出的唯一结论。起先,他的养父母摇了摇头,说这个孩子受到了很好的照顾,实际上比自己这辈子受到的照顾都要好。但这并不会对男孩的行为造成决定性影响。我们经常听到父母说:"我们对孩子用尽了一切方法,软硬兼施都无济于事。"可想而知,只用和善来对待孩子是不够的。当父母用和善的方式对待孩子,他们会表现良好,但这不能说明已经让孩子往好的方向改变。实际上没有发生任何变化,他们认为自己只是暂时受宠,而当父母用严厉的方式对待他们时,他们会立即变回老样子。

因此,我们一定要理解孩子的感受和想法,看看他是如何解释自己的处境，而不是关注父母对他处境的想法。我们向这对养父母指出，这个孩子和他们在一起并不快乐。我们无法得知孩子的态度是否有合理的因素，但一定发生了某些事，才激起了孩子心中的憎恨。我们告诉养父母，如果他们觉得自己没有能力纠正孩子的错误和赢得孩子的爱，就应该把他交给别人来抚养，因为如果孩子觉得这个家庭就像监狱，他会不断反抗，想要逃离。后来我们听说那个男孩变得非常暴躁，甚至被认为是危险人物。也许通过温和的治疗，孩子的情况会有轻微的改善，但这还不够，因为他并没有理解整个事情。而随着我们考察到更多信息，一切变得清晰起来。真相是：这个男孩和养父母的亲生孩子一起生活，认为养父母不像对待自己的孩子那样关心自己。这当然不是大发脾气的理由，但男孩想要离开这个家，因此任何能实现这一愿望的行为，他都认为是妥当的。男孩可以根据自己设定的目标做出明智的行动，因此我们可以排除男孩智力低下的可能性。这家人慢慢才意识到，如果他们无法改变孩子的行为，就应该放手给他人。

如果人们因为这个孩子的过失而惩罚他，这个惩罚便成了他继续叛逆的充分理由。因为惩罚恰恰证明了他的反叛是正确的。从这一点可以看出，所有孩子的错误可以理解为对抗外部环境的结果，也是他没有准备好应对新情形所造成的结果。尽管这些错误很幼稚，但不必惊讶，因为在成人生活中也会看到同样幼稚的表现。

对手势和微动作的解读是一个似乎未被探索的领域。如果要将这些动作的表达形式都编排成一体，再逐一研究它们之间的联系和起源，那么教师最有优势去完成这项工作。必须记住，同样的表达形式可能在不同场合有着不同的含义，两个孩子做同样的事也会有不同的意义。此外，即使问题儿童有着相同的心理，但他们的表现形式是不同的。简单地说，这是因为达成目的的方式有很多种。

我们不能从常识的观点来谈论对错。如果孩子犯错，那是因为他们有一个错误的目标，以及努力追求这个目标会造成错误的结果。真理只有一个，但犯错误的可能性有无数个，这便是人类的特性。

在学校里，儿童还有几种表现形式没有引起大家的注意，但却具有重要的意义，例如睡姿。举一个有趣的例子，一个15岁男孩受到幻觉的困扰。在他的幻觉中，皇帝弗朗西斯·约瑟夫一世死了，变成幽灵出现在他面前，并命令他组织一支军队攻打俄国。当我们晚上到他的房间去看他的睡姿时，我们颇为惊讶。他以拿破仑的作战军姿躺在床上。第二天我们见到他，他的姿势和睡觉时的军姿很像。我们可以清楚地看到他的幻觉和现实之间的联系，于是引导他并进行了一次谈话，试图让他相信皇帝还活着，但他不愿意相信这件事。他告诉我们，他在咖啡馆当服务生时，总是因为身材矮小而被人取笑。当我们问他是否认识和他走路姿势类似的人时，他想了想说："我的老师，梅耶尔先生。"我们的思路是对的，只要将梅耶尔想象成另一个小拿破仑，就能知道攻破难题的关键。更重要的一点是，这个男孩告诉我们他想成为一名教师。梅耶尔先生是他最喜欢的老师，他喜欢模仿他的一切。总之，这个男孩的全部生活史都囊括在他的姿势里。

新的环境能够考验孩子是否为未来做好了准备。如果一个孩子准备充分，他就会自信地面对新的情况。如果他准备不足，新的环境会带来紧张，从而让他有一种无能感。无能感会扭曲他的判断，导致做出错误的反应。也就是说，他的反应不符合环境的需求，因为这反应来自被扭曲的判断，而不是社会感。换句话说，孩子在学校的失败不仅要归咎于学校体制的低效，还要归咎于孩子自身的缺陷。

我们要仔细考察新环境，并不是因为它导致儿童的行为恶化，而是因为它可以更清楚地揭示出孩子对未来的准备不足。每一个新情况都可被视作在考验孩子是否做好了准备。

在此，我们可以再次讨论个体心理调查问卷中的一些内容（见附录1）。

1. 问题是从什么时候开始的？

我们马上会把注意力放到出现的新环境上。当一位母亲说她的孩子在上学前一切都很好时，这里面所包含的信息比她真正理解的要多。这意味着那所学校对孩子来说是个巨大的挑战。如果母亲仅仅回答说"过去三年孩子都出现了这样的问题"是不够的，我们还必须知道三年前孩子的环境或者身体状况发生了什么变化。

如果孩子开始丧失信心，第一个迹象通常是他无法适应学校生活。如果我们没有足够重视孩子最初遭受的失败，对他来说这可能意味着一场灾难。我们要弄清楚孩子是否因为成绩不好而经常挨揍，以及这些对他追求优越有什么影响。孩子可能会认为自己没有能力取得成就，尤其如果他父母老是对他说"你永远一事无成"或"长大后你就等着被人枪毙吧"，他的无能感会被进一步强化。

有些孩子会被失败激励，有些则会因为失败而崩溃。我们必须鼓励那些对自己和未来失去信心的孩子，必须带着温柔、耐心和宽容对待他们。如果我们简单粗暴地解释关于性的问题，可能会让孩子感到惊慌失措。以及，兄弟姐妹的辉煌成就也可能会打消他进一步努力的念头。

2. 在问题发生之前，家长有留意到任何迹象吗？

这句话的意思是，当情况发生变化之前，家长是否很明显地看出这个孩子没有做好准备？关于这个问题，我们得到了各种各样的答案。"孩子总是不爱整齐"，这意味着母亲过去总是帮他做所有的事。"他总是很胆小"，这意味着孩子对家庭有很深的依赖。如果人们把一个孩子描述为虚弱时，我们可能会认为他生来就有器官缺陷，导致他被家人宠坏或骄纵，或因为身体丑陋而被家人忽视。这也会涉及孩子是否患有智力障碍。孩子可能发育得非常缓慢,以至于被人怀疑有智力缺陷。即使后来摆脱了这种状况,他仍会感觉自己是被骄纵的或身心受限的,而这些感觉会让他更难应对任何新的情况。如果家长说孩子既胆小又粗心,我们可以肯定,这个孩子能通过这种方式持续获取另一个人的关注。

教师的首要任务是赢得孩子的心,这样才能培养他的勇气。如果一个孩子比较笨拙,教师必须先弄清楚他是不是左撇子。如果孩子笨拙的程度过分夸张,老师应该弄清楚孩子是否完全了解自己的性别角色。对于在女性环境中长大的男孩,他们会尽量避免和其他男孩交朋友,而且他们会被戏弄和嘲笑,经常被家人当作女孩子来对待——这类男孩习惯了女孩的角色,在日后的生活中会发展成相当激烈的内心冲突。对男女生理的无知导致孩子相信他们可以改变自己的性别,但他们最终会发现,身体构造是不可改变的,所以根据他们希望属于哪个性别,便会在心理上发展出男性或女性特征来弥补不可改变的遗憾,甚至在衣着和举止上表现出改变性别的倾向。

有些女孩会厌恶女性化的职业,主要原因是这些工作被大众认为是没有价值的,这确实表明了我们文明的一个基本失败。传统的思维依旧存在,男性可以享有女性不能享受的特权。显然,我们的文明对男性有利,允许男性可以为自己赋予的某些权利。而且男孩的出生通常比女孩更受欢迎,这必然会对男孩和女孩产生有害的影响。自卑感就像尖刺一样让女孩感到痛苦，而男孩则背负着期望的重担。女孩的发展受到很多限制。在有些国家，这种重男轻女的观念不再那么明显，例如美国。但即使在美国，社会关系方面也没有达到男女平衡和平等的状态。

我们关注的是，儿童身上也反映出人类的整体心理状态。让女孩接纳女性角色等于接纳其中必然包含的苦难，这有时会引起她们的反抗。这种反抗经常表现为任性、固执、懒惰，这些都与追求优越有关。当这些症状出现时，教师需要弄清楚这个女孩是否对她的性别感到不满。

这种不满可能会延伸到其他领域，从而使整个生活成为一种负担。偶尔我们会听到有人说，想要生活在另一个星球上，因为在那里人类没有性别之分。这种错误的思维过程可能导致各种荒谬的举动，或者完全的冷漠、犯罪。如果因此惩罚她们，对她们缺乏关爱，只会加剧这种自卑和不足感。

当孩子以自然的方式了解男女之间的差异，认识到男女价值平等时，这种不幸的情况就可以避免。通常情况下，父亲似乎有某种优越感。他是家庭中管事的人，还可以制定规则、发号施令，对妻子解释，做出决策。在家庭里，哥哥弟弟总是试图超越自己的姐姐妹妹，通过嘲笑和批评使她们对自己的性别感到不满。心理学家明白，哥哥弟弟的这种行为源于他们自身的软弱感。能脚踏实地做事和看起来能做事，两者完全不同。有人争论说，女性迄今未能取得伟大成就，这样的论断是毫无价值的。因为迄今为止，没有人教育女性去做出伟大的成就。男人把袜子交到女人手中修补，并试图让她们相信这是她们的本职工作。尽管这种情况淡化了不少，但今天培养女孩的方式并不表明我们期望她们同样可以有非凡的成就。

如果我们阻碍女孩为新环境做好准备，却又反过来批评她们没有成就，这是目光短浅的做法。要改善目前的状况并不容易，因为不仅仅是父亲，而且连母亲都认为男性特权是正当的，并依据这种观念抚养他们的孩子。他们教导孩子男性权威是正确的，如果男孩要求女孩听话，女孩就要顺从。儿童应当尽早知道自己的性别角色，并明白性别是不可改变的。我们之前提到，女性会对男性自以为是的权威和优越感产生怨恨，而当这种怨恨变得非常强烈，以至于女性拒绝接受自己的性别并想要尽可能变得像男人一样，这种现象在个体心理学中被称为"男性钦羡"。身体的特征，例如畸形或发育不全，往往导致成年人根据解剖学的生理特征怀疑自己的性别（女孩具有男性的身体特征，男孩具有女性的身体特征）。这些信念有时根深蒂固，它与身体虚弱有关。人们在男性身上比在女性身上更能看到不成熟的身体构造，当这种情况发生时，人们会认为这个男性有女性的特征。这并非事实，因为其实这样的男性只是因为发育不成熟，所以看起来更像一个小孩子。身体无法完全发育成熟的男人会因为自卑而倍感痛苦，因为男性只有各方面发展成熟才符合社会理想，且男性的成就必须高于女性。对一个女孩来说，身体发育不成熟或外貌丑陋也会导致她对生活产生厌恶感，因为我们的社会过度重视美貌。

性情、气质和感受是用来区别男女的第三性征。人们会认为敏感的男孩是女性化的，而沉着自信的女孩是男性化的。事实上，这些特质并非与生俱来，而是后天获得的。当成年人回忆自己童年早期的特征时，他们会指出自己小时候性格比较古怪，少言寡语，或者表现得像异性。这些儿童会通过诠释性别角色发展自身。如果进一步提问，那就是：儿童的性发展和性经验的程度如何？这个问题意味着在一定年龄的儿童需要对性有相应的理解。据推测，至少有百分之九十的孩子，当父母或教育工作者最终向他们解释性问题时，他们早就知道了真相。对性的解释没有固定标准，也没有捷径可走，因为我们无法预知孩子会接受什么，或者是否会相信这样的解释，或者这种解释会对他产生什么影响。一旦孩子要求我们解释性，我们应该仔细考虑孩子当时的状况后再给出答案。不成熟的解释即使不一定造成伤害，也仍旧不大可取。

关于收养孩子或者养育继子女的问题比较棘手。这类孩子把良好的待遇看作理所当然，一旦发生严重的问题，他们会归咎于自己特殊的家庭地位。有时，失去母亲的孩子会和父亲变得亲密无间。如果过了一段时间父亲再婚，孩子会觉得自己被拒之门外，并拒绝对继母友善。有趣的是，一些儿童会把自己的亲生父母视为继父母，这可以看出父母经常对孩子进行严厉的批评和抱怨。在许多童话故事中,继父母都是邪恶的角色,因此继父母的名声并不好。顺带一提,童话故事对孩子来说并不是完美的读物,但我们不可能完全禁止他们阅读童话,因为他们会从中学到很多关于人性的东西。但有一点值得做的是,我们可以为某些故事附上一些评论,纠正里面的错误,还应当阻止孩子们阅读那些残酷或过度扭曲的故事。有时大人会讲述强者暴行的童话来让儿童学习如何变得坚强,避免软弱——这是我们崇拜英雄时的另一个错误想法。男孩子会认为,同情心是一种没有男子气概的特质。可令人费解的是,为什么温柔的情感会遭到蔑视。其实,如果人们没有滥用这种情感,它无疑是有价值的——尽管任何情感都可能被滥用。

私生子的情况也不容乐观。不用多说,女人和孩子承担了非婚生子的责任,而男人却逍遥法外,这是不对的。当然,付出最大代价是孩子。无论人们多么想帮助这些孩子,都不可能使他们免遭苦难,因为他们依据常识很快就会认识到自己的困难处境。他们会受到同伴的蔑视,或者这个国家的法律会让他们的生活条件变得很艰难,人们可以合法地给他们贴上"非法私生"的标签。在每一种语言中都有针对这类孩子的侮辱性词汇,而他们天性敏感,所以很容易爆发争吵,对世界形成一种敌对的态度。所以不难理解,为什么在问题儿童和罪犯中会有这么多孤儿和私生子。我们不能把私生子或孤儿的反社会倾向归因于先天或遗传的性格,因为这些是后天的环境造成的。

Chapter 10

学校里的儿童

前面提到，当儿童步入学校，他会发现自己处于一个全新的环境之中。像所有的新环境一样，我们可以把入学看作对儿童是否做好心理准备的测试。如果家长给予孩子适当的训练，他会顺利通过测试，否则，他对新环境的准备不足就会明显地暴露出来。

我们通常不会记录儿童在进入幼儿园和小学时的心理情况，但如果有这样的记录，会非常有助于我们理解孩子成年后的行为。这种"新环境测验"比普通的学业测验更能揭示儿童的心理情况。

当孩子入学时，学校对孩子的要求是什么？比如学校会要求孩子与老师或同学合作完成某项任务，以及要求他对学校科目感兴趣。通过孩子对新环境的反应，我们可以判断他合作能力的强弱以及兴趣范围。我们可以知道孩子对什么科目感兴趣，他是否对别人说的话感兴趣，是否对任何事情感兴趣。通过研究孩子的态度、姿势和眼神、倾听的方式,以及是友好对待还是躲避老师等,我们就能知道孩子对新环境的反应。

通过下面这个心理咨询的个案,我们可以看到这些细节是如何影响个体的心理发展的。一位男士因为在职业上遇到困难,于是去做心理咨询。当咨询师在回顾他的童年时发现,这个男人是家中独子,他的成长环境只有几个姐姐和妹妹的陪伴,而且他的父母在他出生后不久就去世了。到了上学的时候,他不知道该上女校还是男校。他被姐妹们说服,进了女校,但很快就被开除了。可以想象,这件事在他心中留下了深刻的坏印象。

儿童对老师的兴趣很大程度上决定了他对学校课程的专注度。老师的教学技艺之一就是让孩子集中注意力,并找出孩子在什么时候会注意力不集中。很多孩子在入学时完全没有专注的能力,他们往往是那些被宠坏的孩子,突然看到学校这么多陌生的面孔,会感到手忙脚乱。如果碰巧遇到的老师比较严厉,老师会认为他们这些注意力不集中的孩子记忆力很差。但是,造成记忆力差的原因并不像通常认为的那样简单。事实上,那些被责备记忆力差的孩子,却能记起其他事情,甚至还能集中注意力,但只有在家里被骄纵时他才会表现出专注。因为他只关心能否得到大人的骄纵,并不关心学业。

如果这类孩子在学校表现不好,成绩落后,考试不及格,那么批评或责备他们也没有用。批评和责备无法改变他们的生活方式，相反会让他们认为自己不适合上学，并发展出悲观的态度。

值得注意的是，当老师赢得这类孩子的欢心时，他们往往会变成很好的学生。当在学习上获得巨大的好处时，他们可以表现得很好，但不幸的是，我们无法确保他们在学校里一直被骄纵。如果这个孩子换了学校或者老师，或者在某一门课上没有取得进步（算术对他来说是比较吃力的科目），他就会突然停滞不前。他无法继续前进，因为他已经习惯依赖别人的帮助，从而轻松容易地解决每件事。没人教过他要努力，他自己也不知道要怎么努力。他没有耐心去面对困难，也没有耐心为不断进取而努力。

至此我们明白，让孩子为上学做好充分准备意味着什么。如果一个孩子准备不充分，我们总能看到母亲在其中的影响。母亲是第一个激发儿童兴趣的人，因此她有至关重要的责任，把孩子的兴趣往健康的方向引导。如果母亲没有时常尽到自己的责任，会对孩子在学校的行为造成很大影响。除了母亲的影响，还有来自整个家庭的复杂影响，比如父亲的影响、手足竞争等等，这些我们在前面的章节中分析过。此外，还有外界的影响，包括糟糕的环境和社会的偏见，我们将在下一章中详细讨论。

简而言之，所有这些情况都解释了孩子为什么在入学方面准备不足，如果再根据他的学习成绩来判断孩子的好坏是愚蠢的。我们更应该把学校成绩报告看作是孩子目前心理状况的蛛丝马迹。分数不仅反映了他的学业成绩,更反映了他的智力、兴趣、专注能力等。尽管学业测验和智力测验在结构上有所不同,但它们的解读方式和呈现的结果是相同的。在这两种测试中,我们的研究应该重点关注这些结果对儿童心理的揭示,而不是孩子题目对错的数量。

近年来,所谓的智力测试得到了很大的发展,这在很大程度上影响了老师对学生的判断。某些时候,它们是有参考价值的,因为它们揭示了普通考试无法展示的东西,有时甚至还能给予一些孩子极大的帮助。如果一个男孩成绩不好,而老师又想让他降级重读时,可能他的智力测试突然会测出很高的分数,因此他不但没有被降级重读,反而被允许跳级学习。这个孩子因此觉得自己很有优越感,他的行为表现也大为改观。

我们不希望低估智力测试和智商的作用,但必须说明,当进行智商测试时,孩子和父母都不应该知道智商测试的分数。因为父母和孩子都不知道智力测试的真正价值,他们认为智商测试给出了完整的结果,代表孩子的最终命运,这会导致孩子的真实发展受到诸多限制。事实上,如果把智力测试的结果视为绝对的真相,那么它们很容易受到批评。智力测试分数高并不能保证儿童之后的生活顺遂,相反,很多取得成就的人士智力测试的得分并不高。

个体心理学家的经验是,当个体在智力测试中因为分数低而被认为智力严重低下时,如果找到正确的方法,智力分数就可以提高。其中一种方法是让孩子专门做智力测试的题目,直到他找到正确的解题诀窍,知道如何为这类考试做好准备。这样孩子就能获得丰富的测试经验,也会在以后的测试中取得更好的成绩。

一个很重要的问题是,学校的常规教学对儿童有怎样的影响,儿童是否会被繁重的课业弄得不堪重负。我们并没有轻视学校课程的价值,也不认为应该减少学校课程的数量。当然,重要的是教师要用理论和实践相结合的方式教授课程,这样孩子们才能看到所学课程的目的和实用价值,而不是把它看作纯粹的抽象概念和理论知识。目前这个问题引起了广泛的讨论和争议:我们究竟应该教授孩子科目知识和客观事实,还是应该培养孩子的人格?在个体心理学中,我们认为这两者可以结合起来。

正如我们所说,教学应该既包含有趣的部分,又包含实用的部分。比如数学、算术和几何这些科目应该结合建筑的风格和结构,以及可以容纳居住的人数等来教授。有些课程可以合并起来。在一些教学思维比较先进的学校里,有些教师擅长利用学科之间的相互关系进行教学。他们和孩子们一起散步,发现孩子们对某些科目更感兴趣。这些教师会结合实际知识进行教学,例如,讲植物的时候,他们会与该植物的历史、该国的气候等结合起来。通过这种方式,不仅激发了孩子对原本不感兴趣的科目产生兴趣，而且还教他用融会贯通的方式来看待事物，这也是一切教育的最终目标。

教育工作者不能忽视的一点是，学校里的孩子感觉自己处于激烈的竞争中。我们不难理解它的重要性。理想的学校班级应该是一个整体，每个孩子都觉得自己是整体的一部分。教师应该注意把学生之间的竞争和个人进取心都控制在一定范围内。因为儿童不喜欢看到别人锐意进取，他们要么努力去超越竞争对手，要么不断地陷入失望，无法用客观的角度看待事情。这就是为什么教师的建议和指导如此重要。教师只要说出恰当的话语，就可以把孩子的精力从竞争转移到合作的方向上。

关于这一点，在课堂上制订班级自我管理计划是有帮助的。我们不必等到儿童完全能够自我管理时才制订这类计划，但可以让儿童先观察班上发生的事情，或者先让儿童担任班级顾问的辅助职位。如果教师让孩子没有准备好的情况下完全自我管理，会发现孩子在惩罚上比教师更严厉，甚至他们会利用职务权力来谋取个人利益和优越感。

如果要评价孩子在学校的表现，必须同时考虑教师和孩子们的观点。有趣的是，孩子在这方面有很好的判断力，他们知道班上谁最会拼写，谁最会画画，谁的体育最好。他们可以对彼此做出很恰当的评价。有时他们对别人的评价不太公正，但他们会意识到这一点，并努力做到公正。最大的问题是，他们会贬低自己，心想"我永远都赶不上其他孩子了"，但这不是事实，他们可以赶上。我们必须指出他们判断中的错误，否则他们会被这种观点误了终身。有这种想法的孩子很难进步，只会停滞不前。

如果把学生的成绩水平分为最好、最差和一般，会发现绝大多数学生几乎总是保持在同一水平上，且几乎不变。这与其说反映了大脑的发展水平，不如说反映了心理的惯性。这种迹象表明儿童已经自我设限，在几次学业水平测试后就会觉得很悲观。但一个重要事实是，成绩的变化确实偶有发生，这意味着孩子的智力不是由先天决定且无法改变的。大人应该让孩子理解这一点，并引导孩子应用到自己的学习生活中。

教师和儿童都应该摒弃"智力源自遗传"这一错误迷信观念。认为能力会遗传，这可能是有史以来儿童教育的最大错误。当个体心理学首次指出这一点时，人们认为这只是我们的乐观猜想，而不是科学结论，但现在越来越多的心理学家和精神病学家开始接受这一观点。遗传很容易成为父母、老师和孩子的替罪羔羊，每当出现要靠努力才能克服的困难时，他们总是可以诉诸遗传，以此免除他们的责任。但我们没有权利逃避责任，对于任何让我们摆脱责任的观点，我们都应该保持怀疑。

如果教育工作者相信教育的价值，相信教育就是为了培养性格，那么遗传决定论对他来说是前后矛盾的。我们的重点不是要讨论生理遗传。我们知道器官缺陷，甚至器官能力的差异都来自遗传，但连接生理功能和心理功能的桥梁在哪里呢？在个体心理学中，我们坚持认为，心理体现身体的生理能力，并且不得不按照生理能力制定行动方案。有时因为心理对器官残疾感到恐惧，导致它过度关注生理能力，而这种恐惧在器官缺陷消除之后，还会持续很长时间。

人类总是喜欢追根溯源，寻找现象产生的根本原因。但是，我们经常用寻根的方式来评价个人成就，这很有误导性。在这种寻根模式中，我们往往会忽略大多数先辈，忘了如果我们要画出一个人的家谱，要把每一代的双亲和旁支都画出来。假设我们追溯五代人，就有 64 个先辈，在他们之中，我们肯定可以找到一个聪明的人作为后辈天资聪颖的佐证。如果追溯十代人，就有 4 096 个先辈，那么毫无疑问，我们会在这些人中至少找到一个非常有能力的人。同样要记住的是，一个才能出众的人把自己的行事惯例作为家风传给后代，其作用类似于遗传。这样就可以理解为什么有些家庭会比其他家庭培养出更有能力的人。因此，很显然，能力不是遗传而来的。只要想想在旧时代，每个孩子都会被迫继承父业，就明白为什么会出现能力代代相传的现象。因此，如果不把社会制度的因素考虑在内，统计数据中的遗传因素就会被过度夸大，从而误导我们认为遗传是最重要的。

除了遗传的观念，对孩子造成最大影响的是因为学习成绩不好而遭受惩罚。如果一个孩子学习成绩不好，他会发现自己不太受老师喜欢。因此，他在学校里饱受心理的折磨，回到家后，又发现父母会批评他。他经常被父母训斥，甚至还经常挨揍。

教师应该记住糟糕的成绩报告单所带来的后果。一些教师认为，如果孩子不得不把成绩单带回家给父母看的话，他会更努力地学习。但这些教师忘记了家庭的特殊环境。有些家庭里，孩子被父母用相当严厉残酷的方式抚养长大，他们在向父母报告坏消息前会思前想后。结果孩子可能不敢回家，或者有时可能因为恐惧责骂而感到绝望。

教师并不负责制定学校的体制，但万幸的是，教师可以用同情和理解来缓和体制下的严厉管教。因此，教师可以根据学生的家庭环境对他采取温和的态度，给予鼓励，而不是让他陷入绝望。如果孩子总是成绩不好，别人不断说他是学校里最差的学生，最后他会信以为真，给自己造成沉重的心理负担。如果我们感同身受，从他的角度去思考问题，就不难理解他为什么不喜欢上学了。这是人的本性。任何人在一个地方总是受到批评，因为成绩不好而失去进步的希望，他就不会喜欢这个地方，而想要逃离它。因此，当我们看到这些孩子逃学时，不应感到惊奇。

虽然不必惊恐，但应该意识到它的重要性。尤其是如果这种情况发生在青春期，我们应该意识到这意味着一个不良的开端。这些孩子很聪明，可以通过伪造成绩单、逃学等来保护自己。通过这种方式，他们会遇到和自己同病相怜的孩子，开始组成帮派，并最终走上犯罪的道路。

如果我们接受个体心理学的观点，认为所有的孩子不是无可救药的，都有被教化的希望，那么这一切都可以避免。我们相信一定能找到帮助孩子的方法。即使在最坏的情况下，也总有办法，当然这需要我们努力才能找到。

我们无须赘述让孩子留级复读会带来哪些不良后果。教师也会认为，让孩子留级复读对学校和家庭来说都是一个问题。虽然孩子复读并不一定会造成问题，但例外的情况很少。大多数留级复读的人都是长期复读者，也就是说，他们成绩落后，而且一直没有办法得到改善。

让孩子在什么时候留级复读是个难题。有些教师成功地避免了这个问题，他们利用假期来训练孩子，找出他生活风格中的错误并改正它们，从而让他顺利升学。如果我们在学校有专门的辅导机构，这种方法可以得到更广泛的应用。目前我们有社会工作者和家访教师，但没有辅导教师。

家访教师的制度在德国并不存在，在我们看来，这样的教师似乎没有太大必要。公立学校的班主任最能了解孩子的心理状况，如果他用正确的方法进行观察，他可以比其他人更了解正在发生的事情。有人说，班里人数太多，教师不可能了解每个学生的情况，但如果班主任观察一个孩子入学时的状况，就能很快看到他的生活风格，从而避免许多难题。即使班里人数很多，也能做到这一点。相比一无所知的状态，如果教师了解儿童心理，就更能教育孩子。人数过多的班级绝不是好事，我们应该尽量避免，但也不是无法克服。

从心理学的角度看，最好的办法是不要每年更换教师，或者不要像有的学校那样，每半年换一次；而是让教师跟着一起从低年级升到高年级。如果一个教师能和同一批孩子待上两年、三年或四年，这将对学生和教师都大有好处。如此一来，教师就有机会深入了解所有的孩子，他就能知道每个人生活风格中的错误，并加以改正。

有些孩子经常跳级上学，这种做法的好处值得商榷。因为孩子跳级后，通常都无法达到对自己产生的过高期望。对于目前的年级而言，年龄过大的孩子才应该考虑跳级。对于之前因成绩落后而留级，但后来发奋图强成绩大有提升的儿童来说，也应该考虑跳级。我们不应该因为孩子成绩好或者学识比他人广博而奖励他跳级。

天资聪颖的儿童如果多花点时间参加课外学习，如绘画、音乐等，会对他更有好处。他们通过这种方式学到东西，会对全班都有好处，因为这能激励其他孩子学习。此外，让好学生都集中到重点班去，这种做法没有好处。有人认为学校就该提拔优秀和聪明的孩子，我们并不这么认为。我们更相信，聪明的孩子能够推动整个班级的发展，给整个班级提供更大的前进动力。

深入研究学校里的重点班和差生班也很有意思。我们会惊奇地发现，重点班里有几个智力低下的孩子，而差生班里的学生并非如大家认为的那样智力低下，实际上他们大都来自贫困家庭。有人认为穷人家的孩子都比较落后，因为这些孩子没有对未来做好充分的准备。这一点很容易理解，因为他们的父母有太多事情要做，无法把时间花在孩子身上，或者是父母不懂得教育孩子。这样缺乏心理准备的孩子不应该被分到差生班里，因为对孩子来说，在差生班学习是一种耻辱，总受到同伴的嘲笑。

如果要照顾这些孩子，更好的方法是采用辅导形式，这一点我们前文已经提到。除了辅导，还要成立学校社团，这样孩子们可以去那里获得额外的辅导。他们可以在那里做作业、玩游戏、读书等等。这样，他们的勇气会得到训练和提升，而不是在差生班里不断背负着受挫感。再加上建设更多的操场，孩子就可以不用游荡街头，继而远离不良影响。

在所有的教育实践讨论中，男女同校的问题都会出现。原则上我们应该提倡男女同校，这可以帮助女孩和男孩更好地了解彼此。但是，如果有人认为只需要放任男女同校，其带来的问题能自行解决，那就大错特错了。男女同校涉及一些特殊的问题，必须加以考虑，否则弊大于利。例如人们通常会忽视一个事实，那就是在16岁之前，女孩比男孩发育得要快。如果男孩们没有意识到这一点，看到女孩比他们领先，他们就会不平衡，和女孩们陷入一场毫无意义的竞争。诸如此类的事实，无论是学校行政管理部门还是教师都必须加以考虑。

只有教师支持男女同校,并理解其中涉及的问题,男女同校才能成功实现。如果教师不支持男女同校,认为这个制度会带来负担,那么在他的班级里男女同校的教育将会失败。

如果男女合校制度管理不当,孩子没有得到正确的引导和监督,势必会出现关于性方面的问题。学校的性教育是一个复杂的问题,下一章我们会详细地讨论这个问题。事实上,学校并不是传授性知识的好地方,因为教师不清楚孩子们会对他在全班同学面前讲的话有着怎样的接受程度。如果孩子私下询问老师,情况就不一样了。如果一个女孩向老师询问性方面的问题,老师应该妥善如实地回答。

言归正传,可以说,只要找到孩子的兴趣点,找到他们能够获得成功的科目,就能找到教育孩子的方法。有了一次成功的体验,后续就能有更多的成功。教育如此,人生的其他方面也是如此。这意味着,如果孩子对某门学科感兴趣并取得了成就,他就会受到激励,继续做好其他事情。教师应该把学生的成功作为他们学习更多知识的垫脚石。因为如果学生独自一人,他并不知道如何靠自己的努力获得成功,正如每个人从无知到理解的过程中都会遇到这样的问题。但教师可以帮助孩子先获得对成功的体验,这样孩子就会明白自己可以在更多事情上取得成功,并愿意和老师合作。

我们对寻找儿童兴趣所做的探讨,也同样适用于儿童的感觉器官。我们要弄清楚儿童最常用的感觉器官和最吸引他的感官感觉。有些孩子更擅长视觉方面,有些孩子更擅长听觉方面,还有一些更擅长动作方面等。近年来,所谓的实操学校开始兴起,这种学校采用合理的教学方法,将教学内容与眼、耳、手的训练相结合。这种学校的成功表明了利用孩子生理优势的重要性。

如果教师发现孩子在视觉方面占优势,他应该明白这个孩子在需要运用视觉的科目上更容易获得成功,比如说地理。对他来说,用眼睛观察学习比听一场讲课的学习效果更好。这个例子说明教师应该对孩子的问题有敏锐的洞察力。教师在第一眼看到孩子时,还可以得出许多其他类似的见解,知道孩子在哪方面占据优势。

总之,理想的教师有着一个神圣而迷人的使命。他塑造了儿童的心灵,掌握着人类的未来。

但我们如何从理想走向现实?光靠在头脑中设想教育理想是不够的,我们必须找到实现目标的方法。很久以前在维也纳,我开始寻找这样一种方法,最终在学校建立了儿童心理咨询指导诊所。

这些诊所的目的是将现代心理学的知识应用于教育系统。诊所里会有专业的心理咨询师进行会诊,他们不仅了解心理学,而且了解教师和家长的生活。一般的流程是,心理咨询师与教师们一起举办心理咨询会诊,那一天大家讨论各自遇到的问题孩子的案例。这些问题孩子有各种各样的缺点,如懒惰成性、扰乱课堂或小偷小摸,等等。教师会描述这个孩子的具体情况,然后心理咨询师会根据自己的经验发表见解,然后大家开始讨论:造成问题的原因是什么?情况是什么时候发展起来的?该怎么办?大家会分析这个问题孩子的家庭生活和整个心理发展过程。集思广益之后,最终小组决定应该对这个孩子采取什么办法。

下一次咨询会议,他们会邀请孩子和他的母亲到场。大家确定好说服母亲的方法之后,会叫她进来,然后母亲会听取大家对孩子问题的解释。接着母亲会从自己的角度讲述孩子出现的问题,并和心理咨询师展开讨论。一般来说,母亲很高兴看到大家关心她的孩子,并很乐意配合。但如果母亲的态度不友好,抱有敌意,那么教师或心理咨询师就会列举类似的案例和其他母亲的情况,直到这个母亲放下对抗心理。

直到大家就帮助孩子的方法达成一致后,孩子会被召进房间,与教师和心理咨询师碰面。心理咨询师会和他说话,但不是谈论他的错误。心理咨询师就像演讲一样,用孩子能够理解的方式客观地分析导致他失败的问题、原因和想法,向孩子揭示他感觉老师更偏爱其他孩子而自己不受宠爱的原因,以及他丧失信心的原因,等等。

这一方法已经沿用了近 15 年,受过这项培训的教师都非常满意,没有想过要放弃他们已经从事了 4 年、6 年甚至 8 年的工作。

至于儿童，他们从这项工作中获得双倍收益：那些问题儿童恢复了正常——他们收获了合作精神和勇气；其他没有被召集到咨询诊所的儿童也可以从中受益——当班级里出现状况时，教师会建议孩子们就问题进行讨论。当然，教师会主导整个讨论过程，但孩子们可以参与，并有机会充分表达自己。在讨论过程中，他们会分析问题的原因，比如班级里为什么会出现懒惰现象。最后他们会得出结论，而那些不知道自己正是讨论对象的懒惰孩子也会从中获益。

上面概括性的论述展示了心理学与教育融合的可能性。心理学和教育是同一个现实和问题的不同方面。如果要指导心灵，我们就需要知道它的运作方式，而知道心理及其运作方式的人会情不自禁地运用他的知识，引导心理向更高、更普遍的目标前进。

Chapter 11

外在环境对儿童的影响

个体心理学在心理和教育方面涉猎颇广,自然不会忽视对外界影响的思考。老派的内省心理学的关注点非常狭隘,并没有考虑外界环境的影响。为了把这一点补充进来,冯特认为有必要设立一门新的科学——社会心理学。但就个体心理本身而言,它不需要这么做,因为它既关注个人也关注社会,既不会因过度关注个体心理而排斥刺激心理的环境,也不会过度关注环境而排斥个体心理所受的影响。

任何教师或教育工作者都不该认为自己是孩子的唯一教育者,外界影响就像浪潮涌入儿童的心灵,直接或间接地塑造儿童的心灵。也就是说,外界环境会影响父母并使他们形成某种精神状态,这种状态进而又传递给儿童。这一切都是不可避免的,因此必须对外界影响加以考虑。

首先,教育者要考虑到经济环境的影响。例如,有些家庭世代都生活在非常拮据的环境中,带着痛苦和悲伤在压抑的生活中挣扎求存。他们的身心深受影响，以至于无法教育孩子学会健康和合作的态度。他们的心理临近崩溃，对外界环境充满恐惧，因此无法学会与他人合作。

同时，长期处于半饥饿状态或糟糕的经济环境会影响父母和孩子的生理，这反过来又会对心理产生重要的影响。我们在战后欧洲出生的孩子身上看到了这一点。比起前几代人，他们的养育环境更为艰难。除了经济环境及其对儿童发展的影响之外，还要考虑父母对儿童生理卫生的无知所带来的影响。这种无知造成了父母胆怯和溺爱的态度。他们骄纵孩子，害怕给孩子带来任何痛苦，但有时也会粗心大意，误以为脊椎的弯曲会随着孩子的发育而消失，导致他们错过最佳诊疗时间。这当然是一个很严重的错误，特别是在医疗服务发达的城市来说，这个错误本可以避免。如果糟糕的身体状况没有及时得到改善，可能会导致严重和危险的疾病，甚至留下严重的心理阴影。所有疾病从心理的角度来看都属于"危险的角落"，我们要尽量避免。

如果无法避免，我们可以培养儿童的勇气，树立儿童的社会意识，从而减少身体疾病对心理造成的危险。事实上，只有当儿童不具备社会意识时，疾病才会对他造成心理影响。如果儿童认为自己是社会整体的一部分，他就不会像一个被骄纵的孩子那样受到疾病的影响。

如果研究个案的病例史，我们就会发现经常有人在患上百日咳、脑炎等疾病后开始出现心理问题。有人认为心理问题都是由疾病导致的,但这些疾病实际上只是暴露了孩子隐藏的性格缺陷。在生病期间,孩子会发现自己有能力操控家里的所有成员。他看到父母脸上的恐惧和焦虑,知道父母是为自己担忧。痊愈后,他想继续成为众人关注的焦点,所以试图用各种奇怪的念头和要求来支配父母。当然,这种情况会发生在没有经过社会化训练的孩子身上,他心里只想着实现自我的追求。

从反面来说,有趣的是,有时疾病会是改善儿童性格的契机。我们拿一个教师的次子作为案例。这名教师一直非常担心这个男孩,又不知道该拿他怎么办。男孩经常离家出走,在学校里总是班上表现最差的学生。一天,父亲正准备把孩子送到青少年教养院去,却发现孩子得了髋关节结核,这种疾病需要长期且持续的照料。男孩康复之后,他成了家里表现最好的孩子。因为这个男孩需要的正是父母的额外关注,刚好这次生病让他得到了父母的照顾。他以前不听话,是因为他总觉得自己被优秀的哥哥抢了风头。因为不像哥哥那样受人喜爱,所以他总是用叛逆的方式进行抗争。但这次生病使他确信,自己也能像哥哥那样得到父母的赏识,因此他学会了如何表现良好。

关于疾病还有一点值得注意,儿童的脑海中常常会对他们患过的疾病留下深刻印象。儿童会对危险的疾病和死亡这样的事感到震惊。他们脑海中留下的印记会在未来的生活中显现出来,因为我们发现许多人在成年后只对疾病和死亡感兴趣。有些人懂得了如何正确利用这些兴趣，那就是让自己成为医生或护士。但还有许多人总是惊恐不安，深受疾病阴影的困扰，这阻碍了他们对社会做出贡献。人们研究过 100 多个女孩的生活自传，结果表明，近一半的女孩承认她们生活中最大的恐惧是疾病和死亡。

父母应该注意，不要让儿童对童年的疾病印象过深，应该帮助儿童对疾病和死亡做好心理准备，避免遭遇突然的冲击。父母应该教给儿童：生命虽然是有限的，但它的时间仍然足够长，足以活出有价值的人生。

童年生活的另一个"危险角落"是孩子和陌生人、熟人或家人的朋友的接触。由于这些人对孩子并没有真正的兴趣，因此他们在和孩子相处的过程中会带来不良影响。他们喜欢逗孩子们玩，或者做一些能在短时间内对孩子产生巨大影响的事情。他们会极力赞扬孩子，孩子听了会变得自高自大。在与孩子的短暂相处中，他们会设法骄纵孩子，从而给孩子的日常教育者带来麻烦。这一切都应该避免。任何陌生人都不应该扰乱父母对子女的正常教育。

而且，陌生人也会经常误解孩子的性别，称男孩为"漂亮女孩"，或者称女孩为"漂亮男孩"。这也应该避免，具体原因我们将在下一章讨论。

对儿童来说，家庭环境自然也很重要，因为它让儿童看到家庭参与社会生活的程度。换句话说，家庭环境给了他们关于合作的第一印象。在封闭的家庭中长大的孩子,会在家庭成员和外部人士之间做出明显的区分。他们觉得家与外部世界之间似乎有一道鸿沟,并且对外部世界充满敌意。封闭的家庭生活不能促进儿童建立社会关系,只会使孩子变得多疑、只关心自己的利益,且阻碍其社会意识的发展。

在孩子3岁之前,父母应该帮助孩子为未来与其他孩子的社交和游戏做好准备,这样孩子就不会害怕陌生人。否则,孩子以后在陌生人面前会变得害羞、忸怩不安,甚至表现出敌意。一般来说,这种特点在被骄纵的孩子中很常见,这样的孩子总想"排斥"别人。

如果父母早早着手纠正这些性格特点,孩子日后会省去许多麻烦。如果孩子在三四岁前得到良好的教育,学会如何与他人相处和游戏,能够融入集体,那他将不会害羞和自私自利,也不会患上神经质甚至精神错乱等心理疾病。神经质和精神错乱通常只发生在那些与世隔绝、对他人不感兴趣、不懂得与他人合作的人身上。

当我们谈到家庭环境的问题时,还会提到因经济环境的变化而产生的困难。假如一个家庭曾经很有钱,特别是在孩子年纪很小的时候很有钱,之后这个家庭家道中落,这对孩子来说显然是一种困境。被骄纵的孩子最难适应这样的情况,因为他没有对未来的变故做好准备,在这种情况下,他不能得到像以前那样多的关注。他会怀念过去的种种优待,并心生不满。相反，如果一个家庭突然变得富有，也会对孩子的教育造成困难。因为这些父母没有准备好如何正确地运用他们的财富，尤其在养育孩子方面会发生错误。因为他们觉得现在可以无所顾忌地使用金钱，所以会让孩子享受一段富足欢乐的时光，不断骄纵和宠坏孩子。因此，我们发现问题儿童经常出现在新富家庭中。

如果大人对孩子的合作能力进行适当的训练，这样的困难甚至灾难是可以避免的。这些情况就像一扇敞开的门，孩子通过这扇门逃脱了必要的合作训练，因此我们必须特别注意这一点。

儿童不仅会受到贫困或暴富等物质环境异常变化的影响，而且还会受到异常心理环境的影响。家庭环境或家庭成员的行为会让我们产生偏见，例如，父亲或母亲做了一些在社会上不光彩的事情。在那种情况下，孩子的心灵会受到很大的影响。孩子将在恐惧中面对未来，他会在同伴面前隐藏自己，害怕别人发现自己的父母是这样的人。

所以，父母不仅有责任为孩子提供阅读、写作和算术方面的教育，而且有责任为孩子的心理发展提供适当的基础，使他不必遭受比别人更大的困难。因此，如果父亲是一个酒鬼，或者脾气暴躁，他必须记住这一切都会影响到孩子。如果婚姻不美满，丈夫和妻子经常吵架，孩子也会为此付出代价。

这些童年经历就像刻在孩子心灵中的铭文，无法轻易忘记。当然，如果他接受过与他人合作的训练，就可以避免它们的影响。可正是这些糟糕的童年经历阻碍了孩子从父母那里学会合作，这就是为什么近年来很多学校开始组织设立儿童咨询指导诊所。如果家长由于各种原因没有完成他的任务，则必须由一位经过心理学训练的教师接手，他可以引导孩子走向健康的生活。

除了因个人情况而产生的偏见外，还有因国籍、种族和宗教而产生的偏见。我们会发现，这种偏见不仅会影响被羞辱的儿童，也会对实施羞辱行为的儿童有影响。后者会变得傲慢无礼，自高自大，他们认为自己拥有特权。如果他们想要过上拥有特权的生活，最终只会失败。民族和种族之间的偏见是战争发生的根本原因，如果要挽救人类的发展成果和历史文化，就必须消除产生巨大祸害的偏见。教师的任务是揭露战争的真实本质，而不是轻易地给孩子机会耍弄刀枪来展现他对优越感的追求，这不是在用正确的方式为文明生活做准备。很多男孩长大后参军是因为童年时接受过军事教育，但除了那些参军的人，还有成百上千的儿童因为童年时期打打杀杀的游戏留下了心理阴影。他们总是像战士一样生活，有着深深的自卑感，从来没有学习过与同伴相处所需的技艺。

在圣诞节以及其他送孩子玩具的时候，父母应该特别留意送的玩具和游戏类型。不要挑选武器玩具和战争游戏，也不要给孩子购买崇拜战争英雄和战斗事迹的书籍。

至于哪些是合适的玩具，我们可以说出很多。但原则是，我们应该选择能激发孩子发挥合作精神和建设性作用的玩具。在游戏中，可以让孩子自己思考和动手搭建的玩具比现成的玩具比如洋娃娃和玩具狗更有价值，后者只需要孩子摸摸它们就可以了。顺带一提，我们应该教导孩子们不要把动物当作玩具或游戏，而要把它们当作人类的伙伴。孩子不需要害怕动物，同时也不应该对它们发号施令或残忍地对待它们。如果孩子们残忍地对待动物，他们很可能有支配和欺负弱小人群的欲望。如果家里有动物，如鸟、狗和猫，我们应该教导孩子把它们看作有着和人类相似的感受和痛苦的小生灵。教会孩子与动物建立适当的友谊，可以看作是为与人类社会的合作做好准备。

在孩子的成长环境中，他们会接触到各种亲戚。首先是祖父母，我们必须公正地思考他们的困境和处境。在我们的文化中，祖父母的地位代表着不幸。随着人类年龄的增长和心智的成熟，他们本应有自我扩展的空间，有更多的活动和兴趣，但在我们的社会中恰恰相反。老年人感觉自己被抛弃，也就是说，被遗忘在社会的角落。这是一种遗憾，因为如果有更多的工作和奋斗机会，他们会获得更多成就，也会感到更幸福。我们不应该建议一个60岁、70岁甚至80岁的人退休，继续自己的事业要比改变一个人的整体生活计划容易得多。但由于错误的社会习惯，我们把老人束之高阁，不给他们继续自我表现的机会，但其实他们仍然充满活力。如此下来会产生什么结果？

我们对祖父母犯的错误会给孩子们带来负面影响。祖父母们总是想证明自己还对这个社会有存在的价值，但他们本不需要证明这一切。因此，他们总是干涉孙辈的教育，过分溺爱孩子。他们试图证明自己仍然知道如何抚养孩子，但这种方式会造成灾难。

我们应该避免伤害这些善良老人的感情，不过，虽然我们应该给他们更多活动的机会，但也要引导他们：孩子应该独立成长，而不应该成为别人的玩物。同时，孩子不应该因为家庭斗争而被过度利用。如果家里老人和父母争吵，不管谁赢谁输都不要牵涉孩子，不要让孩子强行站队。

在研究心理病人的传记时，我们往往会发现他们是祖父母最宠爱的人！我们马上就明白了他们童年的困难是如何发生的。祖父母的偏爱要么意味着骄纵，要么意味着挑起孩子之间的竞争和嫉妒。还有很多孩子会对自己说："爷爷最喜欢的人是我。"如果不是别人最喜欢的人，他们就会感到受伤。

在其他有重要影响的亲属中，还包括"优秀的表兄妹们"，孩子可能认为他们很讨厌。有时，这些表兄妹们既聪明，又漂亮。显而易见，提醒孩子有个聪明或漂亮的表亲会给他带来很大的烦恼。如果孩子具备勇气和社会意识，就会明白聪明只是因为得到了良好的训练，他就会想办法超越优秀的表兄妹。但如果他相信才华是上天的恩赐、与生俱来的（这种情况经常发生），他就会感到自卑，认为自己受到命运的残酷对待。如此一来，他的整个发展就会受挫。美貌是自然的馈赠，但我们的文明总是过度注重美貌。我们还可以看到，如果孩子总觉得自己不如表兄妹长得好看并因此心生挫败感时，他的生活风格就会出现问题。即使过了二十年，人们仍然会强烈地感到自己在童年时对某个漂亮表亲的羡妒。

如果要打破这种对美的扭曲式崇拜，唯一的方法是让儿童意识到，健康和社交能力比美貌更重要。无可否认的事实是，美貌是有价值的，一群外形美貌的人比一群外形丑陋的人更具吸引力。但是，在对任何事物的理性规划中，单个价值不可能与其他价值剥离，也不能当作至高无上的目标去追求。

美貌便是如此。我们在罪犯中发现了一些非常英俊的男孩，也有一些相当丑陋的男孩，这证明了美貌并不足以让个体过上理性和美好的生活。我们可以解释这些英俊的男孩是如何成为罪犯的：他们知道自己长相英俊，便认为美貌能带来顺遂的生活，因此他们没有为生活做好充分的准备。然而，他们后来发现不劳而获是不可能的，于是他们选择了阻力最小的道路，即犯罪道路。古罗马诗人维吉尔说过，"facilis descentsus Averno"，意思是下地狱是一件很容易的事情。

我们还应该提及儿童读物。应该给孩子们看什么样的书？如何给孩子解释童话故事？像《圣经》这样的书应该怎样为孩子解读？我们通常忽略了一个重要的事实，即孩子理解事物的方式与成年人完全不同。我们也忽略了，每个孩子都是按照自身的兴趣来理解事物。如果是一个胆小的孩子，他会在圣经和童话故事中找到认可和支持这种性格特质的故事，这些故事使他理所当然地害怕危险。成年人需要对童话故事和圣经段落做出解释，这样孩子就能理解故事的本意，而不是全靠自己的主观臆想。

童话故事读起来令人愉快，即使是成年人也能从中获益。但故事中遥远的年代和地点会带来距离感，这一点需要成年人帮助儿童做出纠正。儿童几乎不理解年龄和文化的差异。他们读的童话是在一个完全不同的时代写就的，这些童话没有考虑到观点会随着时代而变迁。故事里总是出现王子，而王子总是被赞美、衣着华丽、有着无比迷人的性格特征。故事里描述的情况当然不存在，但它们代表的是符合王权崇拜的虚构理想。我们应该告诉孩子这种事，也应该告诉孩子童话魔法背后的真相，否则，他们长大后可能总是想要寻找轻松的捷径来解决问题。例如一个 12 岁的男孩，当问他长大后想成为什么样的人时，他说："我想成为一个魔法师。"

如果在童话故事里加上适当的批注和解读，就可以用来帮助儿童增加合作意识和扩大眼界。至于电影，带 1 岁的孩子去看电影是没有危险的，但年龄稍大的孩子总会误解电影所传达的内容。即使是童话故事也常常被他们误解。一个 4 岁的孩子看到了在剧院上演的某部童话，多年以后，他仍然相信世界上还有卖毒苹果的女人。许多孩子无法正确理解这个主题，或者习惯用以偏概全的角度看待问题。因此，父母的责任是要解释童话，直到确定孩子已经正确理解为止。

报纸也是外界影响的来源之一，这对儿童来说是完全可以避免的。报纸是为成年人写的，不会从儿童的角度进行写作。在某些地方有专门的儿童报纸，这是好事。但就普通报纸而言，它给那些毫无准备的孩子描绘了一幅扭曲的生活画面，孩子会开始认为我们的一生充满了谋杀、犯罪和事故。其中事故报告对小孩子来说尤其令人沮丧，比如我们可以从一些成年人那里得知，他们在童年时期非常害怕火，这种恐惧一直困扰着他们。

关于父母和教育者在教育孩子时必须考虑哪些外界影响，上面只是挑选了个别案例进行讲解。然而，它们是最重要的，也阐明了这些因素为何会造成影响的一般原理。个体心理学家必须一再坚持"社会兴趣"和"勇气"这两个口号。这两个口号不仅可以解决其他问题，对这里的问题也同样有效。

Chapter 12

青春期和性教育

市面上关于青春期主题的书籍比比皆是。这表明青春期的话题的确很重要,但它的重要程度和人们想象的并不完全一样。每个青少年都有自己的特点,我们发现了各种各样的孩子:努力学习的孩子、笨手笨脚的孩子、衣着整洁的孩子、四处游荡脏兮兮的孩子,等等。我们还发现有些成年人,甚至老人的打扮和行为和青少年并无二致。从个体心理学的角度来看这并不奇怪,它仅仅意味着这些成年人已经停留在发展的某个阶段。事实上,对于个体心理学来说,青春期仅仅是每个人都必须经历的一个发展阶段。我们不相信任何发展阶段或者情况能完全改变一个人,但它起到的作用确实和新环境一样,它能把童年时期发展的性格特征呈现出来。

比如说,如果孩子在童年时期被过度看管,没有话语权,也不能表达自己的想法,那么在生理和心理快速发展的青春期,这些孩子便犹如挣脱了锁链一样,他会突飞猛进,人格也沿着稳健的方向发展。相反，另外一些孩子会开始停下来回顾过去，无法在当下找到正确的方式突破自己。他们对生活失去了兴趣，变得非常内向。这种情况并非说明这个孩子在青春期释放童年时期被压抑的能量，而是表明这个孩子在被骄纵的环境中长大，这使他无法为未来的生活做好准备。

在青春期，我们能比以往更好地了解一个人的生活风格。因为青春期比童年时期更接近成年生活。在孩子的青春期里，我们可以更清楚地看到他对客观现实的态度是什么，以及他是否善于交朋友，是否能成为人类的好同伴，是否对他人有着社会兴趣。

有时，这种社会兴趣非但没有消失，反而以十分夸张的形式表达出来。我们遇到过一些青少年，他们内心已经失去社会兴趣的平衡感，一心只想为他人牺牲自己的生命。他们在社交方面矫枉过正，成为他们发展的障碍。我们知道，如果一个人真心希望顾及他人的利益并为公共事业努力，他必须首先照顾好自己。如果他希望让自己的付出变得有意义，他必须自己本身具备给予的能力，拥有可以给予的事物。

反过来，我们也看到许多 14 到 20 岁的年轻人在社交上感到茫然无措，社会兴趣完全被隐没。14 岁时他们离开学校，与所有老朋友都失去了联系，而他们需要很长时间才能建立新的关系。在此期间，他们会感到与世隔绝，形单影只。

我们再来谈谈职业问题。青春期再一次成为人格的考验，它可以揭示出在生活风格中形成的生活态度。我们会发现一些年轻人变得非常独立，并且工作出色，这表明他们正走在正确的发展道路上。然而，其他年轻人在这个发展阶段停滞不前，他们无法为自己找到合适的职业，总是变化不定，要么改行，要么转学，等等。再不然就变得无所事事，根本不想工作。

这些症状都不是在青春期，而是在那之前形成的，它们只是在这个时期更清楚地呈现出来。如果一个人可以深入了解某个孩子，比起童年时期，他更容易预测这个孩子在青春期的行为。因为儿童在青春期更有机会独立地表达自己，而在童年时期他受到大人的监视、看管和限制，无法表达自己。

接下来讨论人生的第三个基本问题——爱情和婚姻。青少年对这个问题的回答揭示了他有什么样的性格。按照同样的思路来说，青少年在青春期之前所形成的心理特征，会在青春期更明确地表现出来，对这类问题的答案也比以前更清晰明确。我们会发现，有些青少年对自己的行为举止非常有信心。他们在爱情的问题上要么变得非常浪漫，要么非常自信。不管怎样，他们都能以合理的态度和行为对待异性。

但有些青少年走向了另外一个极端，他们在性的问题上表现得非常害羞。现在他们更接近成年生活了，却缺乏应对它的准备。我们可以通过孩子在青春期呈现的性格特点，对他日后的行为发展做出可靠的判断。如果想要改变青少年的未来，我们就必须知道应该采取哪些措施。

如果一个青少年对异性表现出非常消极对抗的态度，回顾他的过往生活，我们会发现，他很可能是个好斗的孩子。也许此前他因为另一个孩子更受偏爱而感到十分沮丧，因此认定自己必须不顾一切向前奋进，必须变得自大和傲慢，排斥感性的事物。因此，对异性的态度反映出他的童年经历。

很多青春期的孩子会常常想着离家出走。这可能是由于对家庭环境一直不满，现在他渴望有机会断绝与家庭的连接。他不想再受到家庭的供养和支持，尽管继续得到支持和供养对他和父母来说都是最有利的。然而，如果这个孩子出现了任何差错，缺乏父母的帮助却成了他失败时为自己辩解的理由。

在那些平时待在家里，但一有机会就在夜晚外出的孩子身上，我们也同样发现了离家出走的趋势，但强度要小一些。当然，晚上出去找乐子要比安静地待在家里诱人得多。这样的行为实则暗含了对家庭的一种指责，它表明孩子在家里感到被约束，没有自由，总受到看管和监视。因此，他从来没有机会表达自己和发现自己的错误。青春期是孩子开始迈向不良的自我表现的危险阶段。

许多孩子在青春期会比以往更敏感地意识到，自己突然失去了他人的赏识。可能他们以前在学校是好学生，受到教师的高度赞赏，接着突然被转到一所新的学校，一个新的社会环境或一个新的职业，往日的赏识不复存在。而且，我们也知道，学校里最优秀的学生在青春期往往无法继续保持最佳状态。他们似乎发生了变化，但实际上并没有变化，只是新环境比旧环境更能表现出他们真正的性格。

综上所述，预防青春期问题最好的办法之一就是培养与他人的友谊。孩子不仅要和家庭成员成为好朋友、好伙伴，也要和家庭以外的人成为好朋友、好伙伴。家庭应该是一个相互信任的集体，孩子也应该相信父母和教师。在青春期，的确只有被孩子信任的父母和教师才能继续引导孩子，因为他们一直是孩子的好伙伴，能够和孩子共情。在此期间，不被信任的家长或教师立即会被孩子拒之门外，孩子不会对他透露任何秘密，会把他看作完全的局外人，甚至是敌人。

我们会发现，有些女孩正是在青春期的时候表现出对女性角色的厌恶，她们会想方设法模仿男孩的行为举止。当然，模仿青春期男孩的恶习，比如抽烟、喝酒和加入帮派，要比模仿他们努力工作的优点容易得多。而且这些女孩找到的借口是，如果她们不这么模仿，男孩就不会对她们产生兴趣。

如果分析青春期女孩所表现出的男性钦羡，就会发现这些女孩从幼儿时代起就不喜欢女性角色。但她们的厌恶一直被掩盖，直到青春期才显露出来。这就是为什么观察青春期女孩的行为那么重要，因为我们可以发现她们如何看待自己未来的性别角色。

青春期男孩通常喜欢扮演一个非常聪明、勇敢自信的男人，另一些则害怕自己无法克服困难，不会成为真正的男人。

如果他们在童年所接受的男性教育有任何缺陷，这时候就会被暴露出来。比如，他们会表现得娇弱，甚至会模仿女孩的恶习——风骚挑逗、装腔作势等。

除了发展出极端的女性特征，有的男孩还会发展出极端的男性特征，并可能因此产生极端的恶行。比如他们过度酗酒，放纵驰荡，有时甚至仅仅为了显摆自己的男子气概而开始犯罪。这些恶习往往能在那些想要大出风头的孩子身上找到，因为他们想要成为领导者，在同伴心目中留下深刻印象。

这类男孩尽管喜欢虚张声势，野心勃勃，但背后往往隐藏着懦弱的性格。在美国有一些臭名昭著的例子，比如20世纪20年代的著名杀人犯希克曼，以及轰动全国的李奥波德和勒伯案。如果考察这些人的过往生活，就会发现他们只想不劳而获，总在寻求成功的捷径。这些人虽然外表积极活跃，但内心缺乏勇气——这类性格组合最容易引发犯罪。

我们还发现，有些孩子初次殴打父母的时间往往发生在青春期。如果不知道孩子的行为与其背后隐藏的人格是相符的，我们会认为这些孩子的变化是突然发生的。但如果研究他们过往的生活，我们就会意识到个体的性格没有发生任何变化，只是他现在有了更多能力，在行动方面有了更多可能性。

另一点需要考虑的是，每个青春期的孩子都觉得自己面临着一个考验——他必须证明自己不再是一个孩子。这当然是一种非常危险的感觉，因为每次我们觉得自己必须证明一些东西的时候，不管是成年人还是孩子都很可能会走极端。

这确实是青春期孩子最显著的症状，而解决方法就是向他解释，不必让我们相信他不再是一个孩子，我们不需要他证明。告诉他这一点，我们就可以避免前面提到的那些夸张的行为。

我们还往往会发现，青春期女孩在异性关系的问题上倾向于夸大对男性的喜爱，变得很"花痴"。这些女孩总是和她们的母亲争吵，认为自己被母亲压迫（也许真的受到压迫）。为了惹怒母亲，她们会与任何遇到的男人发生各种关系。如果母亲发现后感到无比痛苦，她们会很得意。很多少女在和母亲争吵后，或者因为父亲管教太严厉而离家出走，随后与男人发生了第一次性关系。

讽刺的是，为了让女儿变成好女孩，父母对她们严加管教，结果因为父母缺乏洞察力，无法理解女孩的心理，反倒让她们变成坏女孩。这种情况下，过错不在女孩，而在父母，因为他们没有帮助女孩为必须面对的情况做好准备。在青春期之前，他们过度保护女孩，结果导致她们无法培养出应对青春期陷阱所必需的判断力和自立能力。

有时困难不是出现在青春期，而是在婚姻中，但原理一样。只是因为这些女孩很幸运，没有在青春期遇到不利的情况，但不利的情况迟早会发生，她们有必要为此做好准备。

举个例子，有个家境贫穷的女孩，她只有15岁，不幸的是，她有一个体弱多病的哥哥，不得不由母亲照顾。女孩从小就注意到，母亲对自己和哥哥的关注是不一样的。更复杂的是，当她出生的时候，父亲也病了，父亲和弟弟都需要母亲的照顾。女孩在家庭中看到双重示范，她知道了被照顾和被关注是什么样的。因此，她热切地渴望被人照顾和被人欣赏。她在家庭里找不到这种欣赏，尤其是妹妹不久后出生，立马剥夺了她仅存的那一点点关心。就像是命运的安排，妹妹出生后父亲的病就好了，因此妹妹受到的关注要比她多。儿童会很敏感地注意到这些事情。

女孩在学校努力学习，来弥补她在父母关注的匮乏。她让自己成为班上表现最好的学生。因为成绩很好，有人建议她继续学习，读完高中。但当她进入高中后，情况发生了变化，她的学习变得不太好，原因是新老师不了解她，也不赏识她。她渴望得到赏识，而现在，在学校和家庭里她都得不到它。但得到赏识已经成为她生命的主题，变成了一个必需品，所以她出去寻找一个赏识她的男人。我们可以预测接下来会发生什么，女孩会意识到这不是她想要的赏识。与此同时，她的家人开始担心，想去寻找她。女孩一直在街上游荡，直到母亲发现后把她带回家。

就像我们分析的那样，如果这个女孩知道她一生都在追求他人的赏识，那这一切就不会发生。而且，如果高中老师意识到这个女孩学习成绩一向很好，她所需要的只是某种程度上的赏识，悲剧也同样不会发生。在这一系列情况中的任一环节，只要采取了正确的措施来对待这个女孩的心理，就可以防止她走向毁灭。

这就引出了性教育的问题。近来性教育的问题被过分夸大，可以说，很多人在性教育的问题上失去了理智。他们想在所有年龄段推广性教育，夸大性无知的危险，但如果回顾自己及他人在性教育方面的经验，就会发现实际上没有他们想象中的困难和危险。

个体心理学的经验告诉我们，在孩子 2 岁的时候就应该告诉他/她是男孩还是女孩。同时也应该向他解释，他的性别是永远不会改变的，男孩会长大成为男人，女孩会长大成为女人。如果做到这一点，那么即使儿童尚未充分掌握其他知识，也不会造成太大的危险。

如果孩子从小在家庭里深刻地了解到，女孩不会被当作男孩来教育，男孩也不会被当作女孩来教育，那么性别角色会固化在他心中，他会正常地发展，并为自己的角色做好准备。然而，如果他相信自己可以通过某种方式改变性别，就会出现麻烦。如果父母总是想要改变孩子的性别，麻烦也会随之而来。我们发现，在小说《孤寂深渊》中，这种情况得到了很好的展现。父母往往喜欢把女孩当成男孩子来教育，反之亦然。他们会给孩子穿上异性的服装，然后拍照。有时也会发生女孩长得像男孩的情况，然后周围的人开始用错误的性别来称呼她。这会给孩子带来巨大的困惑，而这种困惑是完全可以避免的。

我们也应该避免在性别讨论中贬低女性的价值，吹捧男性的价值。我们应该让儿童明白，两性的价值是相等的。这一点很重要，不仅是为了防止性别被低估的一方产生自卑情结，也是为了防止对男孩产生不良影响。如果男孩接受的教育不过度抬高男性价值，他们就不会把女孩仅仅看作是欲望的对象。如果他们知道自己未来的人生任务，也不会以丑陋的眼光看待两性关系。

换句话说，性教育的真正问题不仅仅是向孩子们解释性的生理机制，它还包括为婚恋培养正确的态度，做好适当的准备。性教育与社会适应密切相关。如果一个人没有适应社会，他就会用不正经的态度来对待性，完全从自我纵欲的角度来看待问题。当然，这种情况经常发生，反映了我们文化的缺陷。因为在我们的文化中，男人更容易占主导地位，导致女性不得不遭受痛苦。但其实男性也深受其害，因为他沉浸在这种虚构的优越感中，无法触及人的根本价值。

至于性教育应该在什么时候开始，儿童没有必要在年纪过小的时候就接受这种教育。我们可以等孩子产生好奇心，等他想知道的时候再说。对儿童身心发展感兴趣的父母也会知道，如果孩子到了应该了解性的年龄而羞于启齿，他们就要主动向孩子解释。如果孩子觉得父母是值得信任的同伴，他就会提出问题，然后父母要用孩子所理解的方式予以合适的回答，避免给出一些刺激性欲的答案。

在这方面,我们可以说,不必对孩子过早表现出性本能而感到惊慌。性发育其实早在生命的最初几周就开始了。我们可以确信,婴儿也会体验到性快感,他有时会自发地寻求对性敏感区的刺激。如果发现孩子开始出现某些不良迹象,我们不必害怕,但应该尽最大努力制止这些行为,不要小题大做。如果孩子发现我们会为这些事情担心,他会为了引起大人的关注而故意继续他不良的性习惯。我们误以为孩子是性欲的受害者,实际上他只是在利用这种行为习惯来获得关注。小孩子会通过玩弄自己的生殖器官来试图获得关注,因为他知道父母会害怕这种做法。这和孩子假装生病的心理是一样的,因为他注意到,在生病时他会得到更多的照顾和赏识。

父母不要对孩子有过多的亲吻和拥抱,以免刺激孩子的身体。这会让儿童,尤其是青少年时期的儿童,感到十分难受。我们也不应该在心理方面过度地让孩子意识到性的问题。我们在心理诊所经常碰到这样的案例:儿童通常会在父亲的书房里发现一些不雅照片。我们不应该让儿童接触不适合他们年龄的有关性的书籍,也不应该带他们去看含有性主题的电影。

如果我们避免了所有这类过早的刺激,就不必有任何恐惧,只需要在适当的时候给出几句简单的解释即可,不要刺激孩子的性欲,要以真实简单的方式给出答案。如果要孩子对父母一直都有信任感,最重要的是绝不能对孩子撒谎。如果孩子信任父母，那么他会对从同伴那里听到的解释抱有质疑，从而对父母所说的话产生信任。大概 90% 的人都是从同伴口中获取性知识。因此，父母和孩子之间的合作和信任，比回答性问题所用的各种借口和托词要重要得多。

性经历过于丰富或过早体验的儿童，通常在未来会回避性的问题。这就是为什么避免让儿童注意父母的性事是件好事。如果可能的话，他们不应该和父母睡在同一个房间，当然也不应该和父母睡在一张床上。而且，就算是兄弟姐妹，性别不同的孩子也应该分房睡。父母必须密切注意孩子的行为举止，同时也要注意外界的影响。

以上是性教育中的要点。我们看到，性教育和所有阶段的家庭教育一样，最重要的是在家庭内部建立起合作友好的氛围。有了这种合作，以及在早期建立起对性别角色和男女平等的认知，儿童就能对潜在的危险做好充分的准备。最重要的是，在这样的环境下，儿童能够做好充分的准备，以健康的方式去迎接自己的工作。

Chapter 13

教育方法中的错误

在养育孩子的过程中，父母或教师不能感到受挫。我们不能因为付出的努力没有立竿见影的效果而感到绝望，不能因为孩子无精打采、麻木不思或消极被动就认定他会失败，也不能被天赋决定论的迷信所影响。个体心理学主张，为了激发孩子的心智潜能，我们应该努力培养每个孩子的勇气和信心，还要教导他们，不要把困难当作无法逾越的障碍，而应把困难当作需要勇敢面对和克服的问题。努力不一定会成功，但成功的案例足以弥补徒劳无功的案例带来的遗憾。下面我们来介绍一个通过努力取得成功的有趣案例。

一个12岁的男孩在读小学六年级，他的成绩很差，但他完全不关心自己的成绩。他有一段极度不幸的过往。由于患佝偻病，3岁左右他才能走路。满4岁之前，他只会说几个词。当他4岁的时候，母亲带他去看一位儿童心理医生，医生告诉母亲这个孩子已经没有康复的希望了。母亲不相信，又把男孩送去一家儿童指导机构。在那里，男孩并没有多少发展，也没有获得太大的帮助。当男孩6岁时，家人决定送他去上学。在学校的前两年，为了通过学校考试，他还会在家里接受额外的辅导。他还设法成功地通过了三年级和四年级的学习。

男孩在学校和家庭的情况是这样的：他的懒惰使得他在学校人尽皆知，他还抱怨自己无法集中注意力，不能专心听讲。他和同学们的相处也不融洽，经常被同学取笑，并且总是故意表现得比他人弱小。他在学校只有一个非常喜欢的朋友，两人经常一起散步。他认为其他孩子都很讨厌，无法与他们交往。尽管老师会抱怨这个男孩算术能力差，也不会写作，但依然确信他和其他人一样有能力完成学业任务。

基于男孩过去的经历和他的能力来看，很明显，由于父母和心理医生对他下了错误的判断，导致他得到了错误的治疗。其实男孩有着强烈的自卑感，也就是自卑情结。他有一个非常优秀的哥哥，父母会到处炫耀哥哥不用学习就能升上高中。如果父母喜欢吹嘘孩子不需要学任何东西就能有好成绩，那么孩子也会有样学样，喜欢夸耀这一点。显然，不学习是不可能的。他哥哥可能是在课堂上专心听讲和用心记忆知识点，让自己当堂就消化了大部分的学习内容，所以在家里无须表现得太用功就能取得好成绩，而那些在学校里注意力不太集中的孩子下课后不得不在家里继续学习。

弟弟和哥哥是多么不同啊！弟弟不得不一直生活在压抑之

中,觉得自己不如哥哥能干,和他比起来,自己毫无价值。当母亲对弟弟很生气的时候,她经常会这么贬低他。而哥哥对他也会有类似的语言攻击,甚至还骂他傻瓜或白痴。他的母亲还告诉我们说,当弟弟不听话时,哥哥经常用脚踢弟弟。结果弟弟变成了这样:认为自己不如别人有价值。生活似乎进一步证实了他的想法:同学们都嘲笑他,他的功课总是有问题,他无法集中精神。每一个困难都让他感到害怕。老师还不时向他表明:他不属于这个班级,也不属于这个学校。难怪这男孩最终相信自己无法走出困境,而且深信别人对他的看法是正确的。如果孩子感到非常受挫以至于对未来丧失信心,这是一件很可悲的事情。

不难看出,这个男孩失去了信心。并不是因为我们用愉快的方式同他交谈时发现他浑身发抖、脸色苍白,而是他透露了一个值得关注的小信号。当我们问他年龄多大时(我们知道他12岁),他回答说:"11岁。"我们绝不能把这样的回答看作偶然的错误,因为大多数孩子都清楚地知道自己的年龄。我们可以从很多方面查明这种错误的潜在原因。考虑到这个男孩生活中发生的事情,再结合他的回答我们会知道,他在试图寻找自己的过去,他想回到过去,回到比现在更弱小、更需要帮助的时候。

我们可以根据已有的事实重新构造他的人格系统。这个孩子只是完成了他这个年龄段通常需要完成的任务,但他的信念和行为举止都体现出不自信,他认为自己不如别人,无法与他人竞争。这种感觉自己落后于他人的意识,表现为他故意少报年龄。他回答说自己 11 岁,可在某些情况下,他的行为更像一个 5 岁孩子的行为。他对自己的自卑深信不疑,以至于他试图用自己的行为来证明自己不如他人。

这个孩子白天仍然会尿裤子,他甚至不能控制大小便。当一个孩子相信或希望自己仍然是一个婴儿时,这些症状就会出现。这些症状证实了我们的观点:这个男孩执着于过往,如果可能的话,他甚至想要回到婴儿时期。

在男孩出生前,家里便聘请了一位保姆。她对男孩无微不至,几乎代替了母亲的位置,给予孩子一切的支持。我们了解到这个男孩的生活习性,他早上不喜欢早起。他告诉我们,他要用很长的时间才能起床,甚至在话语中流露出对起床的厌恶。我们因此得出结论:男孩不喜欢上学。一个和同学无法友好相处、感到压抑、不相信自己能有所成就的孩子,是不可能想去上学的。因此,他也不愿意按时起床上学。

然而,保姆却说他确实想去上学。事实上,当他生病时,他会哀求保姆允许自己起床上学。这和我们的结论并不矛盾,但需要解决的疑问是:保姆怎么会犯这样的错误呢?整个情况很简单,也很有趣。生病时男孩主动说自己想去上学,是因为他知道保姆肯定会这么回答他:"你生病了,不能去上学。"然而,他的家人并不理解这种表面上的矛盾,心里困惑,不知道用什么方法来帮助他。我们还能从很多场合观察到,这个保姆其实无法理解男孩的真实想法。

但这个男孩被带到我们这里是因为发生了另外一件事:他从保姆手上拿钱去买糖果。这也意味着他表现得像个小孩子,拿钱买糖果是小孩子才会做的行为。年幼的孩子在无法控制对糖果的贪婪以及无法控制自己的行为时,就会这么做。

如果从心理的角度来理解,其实孩子是在表达:"你一定要照顾好我,否则我就会做调皮捣蛋的事情。"这个男孩对自己没有信心,所以总是试图制造一些状况使得别人围着他转。当我们比较他在家里和学校的情况时,会发现明显的差异。在家里,他可以让家人围着他转,在学校里,他却无法做到这一点。不过,应该采取哪些措施来纠正孩子的行为呢?

在男孩被带到我们这里之前,人们都认为他是一个落后且自卑的孩子,事实上他根本不该被归入此类。他是一个完全正常的孩子,只要对自己有信心,他就能取得和其他同学一样的成绩。他总是以悲观的态度看待一切,还没尝试就认定自己是失败的。他的每一个动作都表明他缺乏自信,这点也在老师的报告中得到证实:"这个男孩无法集中注意力,记忆力差,粗心马虎,没有社交能力,等等。"每个人都能明显注意到他的受挫感,而外部环境对他的发展是如此不利,以至于很难让他改变对自己的看法。

在男孩填完个体心理问卷后,我们开始对他进行心理咨询。我们不仅要跟那个男孩对话,还要和他身边的人进行对话。首先我们和他的母亲谈话,她早早对男孩放弃了希望,只是在想办法让他继续读书,以便能日后谋生。然后谈话的是男孩的哥哥,我们发现他很看不起弟弟。

面对"你长大后想做什么"这个问题,这个男孩自然无法做出回答。这点不太寻常。如果一个属于半成人状态的孩子真的不知道自己以后想做什么,这令人怀疑。的确,人们通常不会从事小时候选择的职业,但这并不重要,因为至少有一个想法在引导着他们。儿童很早就想当司机、看门人、售票员,或者任何对他们幼稚的价值观来说有吸引力的职位,但如果一个孩子没有实质的目标,我们会怀疑他想逃避未来,回到过去,或者换句话说,逃避未来以及与之相关的所有问题。

这似乎与个体心理学的一个基本主张相矛盾。我们总是说孩子天生就会追求优越感,也不断证明每个孩子都想展现自己,想变得比别人更厉害,更有成就。可突然在我们面前出现了一个孩子,一个想要回到过去、变得弱小、依赖他人支持的孩子。这种情况该如何解释?我们不能从表面解释心理活动的运动轨迹,因为它们有着复杂的背景。如果我们在复杂的情况下得出简单的结论,十有八九都会犯错误。这些复杂的事情都有其解决的窍门,除非完全了解事件的全貌,否则当我们得出相反的结论时,就会十分困惑。例如,这个男孩一直处于倒退的婴儿状态,不追求优越感,是因为通过这种方式他能最大地获取利益，处于最安全的位置。事实上这些儿童是在追求优越感，尽管用的方法很荒谬。因为当他们还是个弱小无助的婴儿时，远比现在更强大，更有操控人的力量，而且那时人们对他们没有任何要求。这个男孩对自己没有信心，害怕自己一事无成。在这样的情况下，难道他会愿意面对一个对他有所期望的未来吗？他必然会尽力逃避任何需要他用力量和能力来衡量自身价值的情况。因此，这个男孩只剩下非常有限的活动范围，且这些活动不会对他有太多要求。我们明白了，男孩所追求的认可只有一点点，它和一个依赖他人生存的小孩子所获得的认可差不多。

我们不仅要和男孩的老师、母亲和哥哥谈话，还要和他的父亲谈话，以及和我们的同事讨论。这一系列会议需要大量的工作，如果我们能赢得老师的支持，就可以节省大量人力。这并非不可能，但也不容易做到。许多老师仍然墨守成规，固守于旧的方法和信念，认为心理调查是一件荒谬的事。许多人担心心理调查让自己丧失对学生管理的权力，或者认为这是无端的干涉。当然，事实并非如此。心理学不是一门一学就会的科学，它必须通过研究和实践才能领会。然而，当人们对心理学持有错误的观点时，它实际上也起不了太大的作用。

宽容也是一种必要的品质，尤其对一名教师来说，即使新的心理学观点似乎与我们现有的观点相悖，但对它持开放的态度是明智的。对于目前的案例，我们没有权利断然否定教师的意见。那么在这种困难的情况下我们该怎么处理？根据我们的经验，除了把孩子从他的困境中解救出来之外，别无他法，也就是说让孩子转学。因为这个过程不会造成任何伤害。实际上几乎没有人知道发生了什么，但这个男孩可以就此卸下心理负担。他进入一个全新的环境，没有人认识他。他可以做到小心谨慎，尽量不让别人不喜欢他，不让别人轻视他。事情的具体操作很难简单解释清楚，但很大程度上它需要营造良好的家庭环境才可以执行。每个案例的具体处理方法都会稍微不同。然而，如果有相当多的教师可以精通个体心理学，他们就能理解这类情况并在学校帮助这些孩子，以及和他们相处起来就会容易得多。

Chapter 14

对父母的教育

正如我们在前面多次提到，这本书针对的是父母和教师，他们都能够受益于儿童心理学的新见解。总而言之，如果孩子得到适当的教育，不管是由父母还是由教师支持孩子的教育和发展，都不重要。我们指的当然不是学科教育，而是学科外的教育，即人格的发展，这才是教育中最重要的部分。虽然父母和老师可以在儿童教育中贡献自己的力量，父母可以纠正学校教育的缺陷，教师可以纠正家庭教育的缺陷，但事实上，在大城市里，在现代社会和经济条件下，大部分责任都落在教师身上。因为教师本身对儿童教育有着职业兴趣，对教育更持有开放态度，相比之下父母并不容易接受新观念。个体心理学想要帮助儿童对未来做好准备，虽然大力欢迎父母的合作，但它把希望主要寄托在学校和教师的转变上。

教师在教育工作的过程中不可避免地会和家长发生冲突。由于教师对儿童的纠正在某种程度上假定了家庭教育的失败，这种冲突就更加不可避免。从某种意义上,这是对家长的一种指责,而父母也经常会有这样的感觉。在这种情况下,教师应该如何应对家长?

以下分析是从教师的角度出发的,对他们来说,应对家长时所面临的困难不亚于应对一个心理问题。如果家长读到此处也不必感到冒犯,因为它只针对那些尚不开窍的家长,他们已经成为教师不得不处理的一种群体现象。

许多教师曾经说过,应对问题儿童的父母往往比应对儿童本人更困难。这一事实表明,教师需要有技巧地进行沟通。父母并非对孩子表现出的所有不良品质都要负责,因此,教师还要带着这个认知去和他们沟通。父母毕竟不是经验丰富的教师,他们通常只能按照传统的教育方式来指导儿童。当父母因为自己的孩子而被叫去学校时,他们感觉自己就像被指控的罪犯。这样的心情表明了父母内心感到有些愧疚,需要教师用最灵活的方式来处理它。因此在这种情况下,最可取的办法是教师应该努力安抚家长的情绪,让他们放下心理负担,缓和态度。教师要把自己当作家长的协助者,相信父母本意是好的。

即使我们有正当的理由批评,父母也不应该受到责备。当我们成功地和父母建立起某种契约关系,并说服他们改变态度并按照我们的方法进行合作时,可以达到更好的效果。单纯向他们指出过去教育孩子时所犯的错误是无济于事的,我们要做的是,尝试让他们采用新的教育方法。如果单纯告诉父母做错了哪些事情，这样只会激怒他们，使他们不愿合作。一般来说，儿童行为的退化不是无故出现的，过去肯定发生过一些事情。当被老师叫来学校时，他们已经知道自己忽视了孩子教育的某些方面。我们不能让父母觉得我们在指责他们，也不能用直截了当或独断的语气和他们沟通，更不应该以高高在上的态度向他们提建议。我们使用的句子中应该包含"可能""大概""也许""你可以试试这样"之类的词语。即使我们知道错误在哪里，应该如何改正，也不应该用傲慢的语气向他们指出，好像我们要强迫他们这么做一样。显然，并非每一位教师都能有如此技巧，也不能突然间学会这些技巧。有趣的是，在本杰明·富兰克林的自传中也表达了同样的看法。他在自传中写道：

"一位贵格教派的朋友曾善意地提醒我，很多人都认为我比较傲慢，我的傲慢经常在谈话中显露出来，我并不满足于在讨论时成为正确的一方，而且还会变得非常盛气凌人，傲慢无礼。他对此举了几个例子，我深感信服。因此我决定，如果可以做到的话，我会努力把傲慢或愚蠢从众多缺点中剔除，把谦卑作为我待人接物的态度，并为它赋予更多的意义。

"我不敢夸口说我在学习这种美德方面取得了多大成功，但我对它的表象还是有不少看法。我给自己定了一个规矩，就是不要直接反对他人的意见，也不要肯定自己的意见。依照我们圈子的传统规则,我甚至禁止自己使用任何表达预判的单词或短语,比如必定、毫无疑问等。与此相反,我会这么说:我认为、我设想、我理解的事情是这样的,或者我想象这件事是这样的,等等。当他人说了一件我认为观点有误的事情时,我放弃了断然反驳的乐趣,不会立即指出他假设中的荒谬之处。同时在回应他人时,我会先说在某些情况或环境下,他的意见是正确的,但在目前的情况下,我似乎看到有些不同之处,等等。我很快就发现了我态度变化的好处。我参与的谈话进行得比较顺畅愉快。当我以一种谦虚的方式提出我的意见时,他人更乐意接受我的观点,对我的反驳也更少了。当人们发现我是错误的时候,别人也很少用屈辱的言语来攻击我;当我碰巧是对的时候,我更容易说服别人放弃他们的错误,让他们同意我的观点。

"对于这种讨论模式,我起先还多少会暴露出粗暴的天性,但时间久了就变得轻车熟路,也就习以为常了。也许在过去的五十年里,从来没有人听过我用独断的语气说话。因为这个习惯(首先是因为我本性正直),我在诸多方面受益良多。比如我早期在提议建立新机构或改变旧机构时,我的意见在民众之中具有很高的权重;或者当我成为公共事务理事会的一员时,我也有着很大的影响力。我没有口才,不善于雄辩,常常措辞犹豫,语言表达经常失误,但我还是渐渐能说出自己的观点。

"实际上,也许在我们天性的情感中没有什么比傲慢更难以抑制。不管你是要伪装它，与它斗争，打倒它，扼杀它，还是尽你所能地抑制它，傲慢仍然存在，并会不时地显露出来；你在我的一生中也会经常看到它，因为，即使我认为我已经完全克服了傲慢，我仍然为我的谦卑感到骄傲。"

诚然，这些咄咄逼人的话语并不适用于生活中的每个场合，一般来说我们也不待见这样的话语。然而，富兰克林的态度告诉我们，咄咄逼人的反对态度非常不合时宜，也难以让人获得成功。生活中并没有一条通用于所有情况的法则。每条规则都有自己的适用范围，超过了范围就会骤然失效。当然，在某些情况下，我们必须措辞强烈，以表达自己的态度。但如果我们一方面考虑教师的情况，另一方面又考虑到这些忧心忡忡的父母既为孩子的事感到颜面扫尽，又要为孩子的事再次被教师羞辱。同时还要考虑到，如果没有父母的合作我们便一事无成，那么，如果真的要帮助孩子，富兰克林的方法是唯一合乎逻辑的方法。

在这样的情况下，证明谁是对的或者谁更有优越性并不重要。但为了帮助孩子，我们必须要准备好应对接下来要走的路，整个过程中自然会遇到许多困难。许多父母不想听到任何建议。由于教师把他们和孩子置于如此不愉快的境地，他们感到惊讶、愤怒、不耐烦，还会产生敌意。这样的父母通常有一段时间试图对孩子的缺点视而不见，对现实视而不见，但突然之间，他们被迫去直面这些问题。整件事令人非常不快，所以不难理解，如果教师在应对父母的过程中表现得过于贸然或者过度积极，就会失去父母的支持，让彼此变得对立。许多家长甚至会变本加厉，他们用激烈的言辞对付教师，不让他接近自己。在这种情况下，最好的方法是教师向父母表明，他需要父母的帮助。最好让父母安静下来，让他们以友好的态度与教师交谈。要谨记，父母常常被传统过时的教育方法束缚，不能迅速地解放思想。

如果一位父亲习惯了用严厉的话语和难看的脸色来打击自己的孩子，那么对他来说，十年之后突然改用友好的表情和亲切的话语和孩子交流，自然很难做到。需要提到的一点是，当这位父亲突然改变对孩子的态度时，孩子一开始不会相信这种改变是真诚的。他会认为这是一个诡计，他需要慢慢积累信任感。改变态度很难，人人如此，连受过高等教育的人也不例外。有这样一个案例：一位高中校长不断批评和挑剔自己的儿子，把他几乎逼到了崩溃的边缘。和我们的谈话中，校长意识到了这一点。然后，他回到家看到儿子在偷懒，又忍不住对儿子进行了一番严厉的说教。每次儿子做了让他不高兴的事，他就发脾气，严厉地批评儿子。如果这种事也会发生在一个教育工作者的身上，那么可以想象，对于那些从小就接受棍棒教育的父母来说，情况会是怎样的。因此，在与父母的对话中，教师必须使用社交技巧和灵活的措辞和他们交流。

要记住的是，底层阶级普遍存在对孩子的打击式教育，甚至已经成为一种习惯。因此，当这些孩子被教师教育、批评并纠正之后，回到家中会发现，继续等待着他们的是父母的打骂。我们在教育上的努力常常因为父母在家里用错误的方式对待孩子而化为乌有，这是很悲哀的一件事。在这种情况下，孩子们往往会因为错误而受到两次惩罚，但我们认为，如果孩子犯了错误，一次惩罚就够了。

我们知道家庭和学校的双重惩罚有时会带来可怕的后果。举个例子，有个孩子必须把糟糕的成绩单带回家给父母签字。因为害怕挨打，他不敢把成绩单拿给父母看，又因为害怕在学校受到惩罚，他开始逃学，或者在成绩单上伪造父母的签名。我们不能彻底忽视这些事实，也不能草率对待，而必须根据孩子与外部环境的关系来思考他的状况。我们要深思熟虑，如果我采取行动，会发生什么事情？这会对孩子造成什么影响？我怎么能肯定这对他会有好处呢？孩子已经到了可以承担压力的时候吗？他能从中学到一些有建设性的东西吗？

孩子和大人对困难的反应截然不同。我们对孩子再次教育时必须非常谨慎，在试图重塑孩子的生活模式之前，必须对其结果有相当的把握。凡是在儿童的教育和再教育过程中能够始终深思熟虑并做出客观判断的人，就更能预测他努力的结果。实践和勇气在教育工作中是必不可少的，同样要坚信，无论环境如何，我们一定会有办法防止孩子走向崩溃。首先，有一条古老的公认法则，那就是教育开始得越早越好。有些教师根据表面的症状来制订死板的模式，比如说，如果一个孩子没有做作业，教师马上给父母打小报告。相比之下，如果教师习惯把人看作统一体，把症状看作统一体的一部分，就能更好地理解和帮助孩子。

我们正在进入一个为儿童教育带来新观念、新方法和新认知的时代，科学正在破除陈旧的习俗和传统。我们获得的知识使教师承担了更多的责任，但作为补偿，它使教师对儿童问题有了更深刻的理解，并更有能力来帮助遇到的孩子。要记住，脱离整体人格去看单独的行为是没有意义的，我们只有把行为和整体人格联系起来研究，才能真正地理解行为。

附录 1

个体心理学问卷调查

此个体心理学问卷旨在理解和治疗问题儿童,并由国际个体心理学家协会起草制订。

1. 造成问题的原因是从什么时候开始出现的?当孩子第一次注意到自己的问题时,孩子的心理或其他方面处于什么样的状况?

    有几个重要的考察点:环境的变化、入学、家庭新成员的出生、与哥哥弟弟或姐姐妹妹的关系、在学校遭遇到失败、教师的变动或者转校、结识新友、孩子患病、父母的离婚和再婚、父母的死亡。

2. 在童年早期,父母是否注意到孩子在心理或身体上存在某些特征,比如软弱、胆怯、粗心、内向、笨拙、羡妒,以及在吃饭、穿衣、洗澡或睡觉时依赖他人?孩子是否害怕独处或者害怕黑暗？他是否了解自己的性别角色？他是否了解性别的第一、第二或第三特征？他如何看待异性？他对自己的性别角色有多了解？他是否是继子、私生子、养子，或孤儿？他的养父母对他怎么样？他和养父母还有联系吗？他是否在合适的时间学会说话和走路？他是否轻易学会了说话和走路？他出牙正常吗？他在学习阅读、绘画、唱歌、游泳方面会有明显的困难吗？他是否特别依恋他的父亲、母亲、祖父母或保姆？

我们需要确定孩子是否对他所处的环境怀有敌意，还要寻找他自卑感的根源，同时也要找到孩子是否有回避困难的倾向，是否表现出利己主义和敏感的特点。

3. 孩子是否经常惹麻烦？他最害怕什么，最害怕谁？他是否晚上会哭闹？他是否会尿床？他是否会欺负比他弱小或比他强壮的孩子？他是否非常希望睡在父母的床上？他是否笨手笨脚？他是否患有佝偻病？他的智力水平如何？他是否被人戏弄和嘲笑？他在头发、衣服、鞋子等方面会表现出虚荣心吗？他是否很喜欢咬指甲或挖鼻子？他是否贪吃？

如果我们知道孩子是否过度追求自己的特权，甚至更进一步，去看看这种过度是否会反过来阻碍他做出行动，那么这些答案会很有启发性。

4. 他容易结交朋友吗?他对人和动物会表现出宽容,还是会骚扰和折磨他们?他喜欢收集物品还是喜欢囤积物品?他是否贪财,是否嫉妒他人?他喜欢领导他人吗?他倾向于与他人隔绝吗?

  这些问题涉及孩子的"社交"能力和受挫程度。

5. 根据以上问题,孩子目前的状况如何?他在学校里表现怎么样?他喜欢上学吗?他是否按时上学?上学前他是否感到紧张?他是否总是急匆匆的样子?他是否会弄丢书本、书包、练习册?他是否对练习和考试感到紧张?他是否会忘记做功课,还是拒绝做功课?他是否浪费时间?是否懒惰?是否无法集中注意力?他是否扰乱课堂秩序?对教师的看法是怎样的?他是否会对教师百般挑剔,并表现出傲慢和冷漠?他会主动邀请别人帮助他学习,还是等待别人来帮助他学习?他在休育方面有展现出野心吗?他是否认为自己能力较差,还是觉得完全没有能力?他喜欢阅读吗?他喜欢哪种文学题材?

  这些问题可以帮助我们了解孩子在多大程度上为学校生活做好了准备,他面对"上学"这个考验的结果是什么,以及他对困难的态度。

6. 写下关于家庭环境的正确信息,比如家族疾病、酗酒、犯罪倾向、神经质、身体羸弱、梅毒、癫痫以及生活水平。家里是否有成员离世，离世时孩子的年龄多大？他是孤儿吗？谁是这个家庭里做决定的人？他的家庭教育是严厉的，且父母经常对他表示不满和挑剔，抑或父母对他是纵容的？家庭的影响是否让孩子恐惧生活？谁负责看管孩子？

我们可以从孩子在家庭中的地位和对家庭的态度来判断家庭对孩子的影响。

7. 孩子在家庭星座中的位置是什么？他是家里的老大、老幺、独生子女，还是唯一的男孩或女孩？他是否会和手足有竞争行为？他是否会哭闹，是否会恶意嘲笑他人，是否有强烈的贬低他人的倾向？

以上这些问题对于研究孩子的性格很重要，也能反映出孩子对他人的态度。

8. 孩子对职业的选择有什么看法？他对婚姻有什么看法？家庭的其他成员从事什么职业？父母的婚姻生活是怎样的？

我们由此可以推断出孩子是否对未来充满勇气和信心。

9. 他最喜欢的游戏、故事，以及在历史和小说中最喜欢的人物是什么？他喜欢破坏其他孩子的游戏吗？他富有想象力吗？他是个冷静的思考者吗？他沉迷于白日梦吗？

这些问题可以反映出孩子在生活中是否有扮演英雄的倾向。如果孩子在行为上没有表现出这些倾向，我们会认为这是受挫的表现。

10. 孩子早期的记忆有哪些？是否做过印象深刻或周期性出现的梦，比如关于飞行、坠落、身体无力、赶不上火车，或者焦虑的梦？

    这些梦可以告诉我们很多事情。我们经常从中发现孩子有自我孤立的倾向，还发现孩子通过这些梦警示自己要小心谨慎，有时还会发现孩子的野心、对特定人群的偏爱，以及对特定生活方式比如乡村生活的偏爱。

11. 孩子在哪些方面会感到受挫？他是否认为自己被忽视？他是否乐意得到他人的关注和表扬？他是否有迷信的想法？他是否会回避困难？他是否对各种各样的事都是浅尝辄止的态度？他是否对自己的未来感到不确定？他是否相信遗传的有害影响？他身边的人是否经常让他感到受挫？他的人生观是否是消极的？

    这些问题会帮助我们发现孩子是否已经对自己失去信心，他是否走在错误的道路上。

12. 孩子是否会耍把戏？他是否有其他的坏习惯，例如因为不开心而扮怪相、装疯卖傻、小孩子气、怪里怪气?

在这种情况下,为了引起关注,孩子会展现出仅有的一点勇气。

13. 他是否有语言障碍?他是否外表丑陋,是否有畸形脚,是否有八字脚或弓形腿?他是否发育不良?他是否特别肥胖或身高过高?他的身体比例是否非常不匀称?他的眼睛或耳朵是否有生理结构的异常?他是否智力低下?他是左撇子吗?他晚上是否打呼噜?他是否长得很俊俏?

儿童通常会夸大这些缺点,并因此感到十分受挫。错误的发展也经常出现在长相非常漂亮的孩子身上,他们沉迷于不劳而获的想法。这样的孩子错过了大量为生活做准备的机会。

14. 他是否认为自己没有能力?他是否经常说自己在学习、工作和生活方面"缺乏天赋"?他是否有自杀的想法?他的失败和遭遇的困境在时间上是否有联系?他是否过度看重表面的成功?他是屈从的、顽固的还是叛逆的?

这些都是极端受挫的表现。当孩子努力摆脱困境而徒劳无获时,这些表现变得尤为明显。他失败可能是因为他的努力没有达到效果,也可能是因为对接触的人缺乏了解。

但是他对优越感的追求总归要在某个地方得到满足,所以他会寻找其他更容易实现目的的场合来采取行动。在德语中,这样的场景被称作"Nebenkriegsschauplatz",也就是次要战场。

15. 说出孩子在哪些事情上获得了成功。

这些"成功"给了我们重要的提示,因为孩子的兴趣、倾向和为未来所做的准备,可能为他指明了人生道路的另一个发展方向。

上面这些问题不要按照常规顺序问答,而是通过对话形式自然进行,要有建设性地对孩子提问。从上述问题的回答中,我们对孩子的人格形成有了正确的认识。我们会看到,尽管失败不能被合理化,但它是人之常情,是可以理解的。对于这份问卷披露出来的问题,我们应该始终以耐心和友好的态度向孩子解释,而不该用任何威胁的语气。

附录 2

五个案例的陈述及分析

案例一

男孩 15 岁了,是家里的独生子,他父母通过努力工作让家里过上了小康的生活。他们对孩子无微不至,确保男孩拥有健康成长所需的一切事物。这个男孩在童年早期很快乐,身体也很健康。他的母亲是个善良的妇女,却多愁善感。在咨询的过程中,她说话断断续续,费了很大劲才描述了孩子的情况。父亲没有来做咨询,因此我们对他一无所知,但母亲把他描述为一个诚实、精力充沛、爱家庭且很有自信的人。孩子年幼时很不听话,父亲总会说:"如果我不好好挫败他,让他恣意妄为,这个家就乱了。"他采取的挫败方式就是惩前毖后,不会对孩子晓之以理,只要孩子犯了错就会揍他。因此男孩在小时候表现得很叛逆,想做家里的老大,这是被宠坏的独生子女常有的愿望。他的叛逆不仅表现得早,而且程度很明显,甚至还养成了一种习惯：只有父亲打他，他才服从。

　　当我们停下来，去思考这个孩子将来必然会发展出哪些显著的性格特征时，我们的回答必然是：撒谎。他会利用撒谎逃避父亲严厉的控制。这也的确是母亲来找我们咨询的主要原因。现在孩子已经15岁了，父母永远分不清他是在撒谎还是在说真话。当我们再深入调研，还了解到：这个孩子曾在一所教会学校上过一段时间的学，他的教师也抱怨他不听话，扰乱课堂秩序。例如，他会在教师点名提问之前大声说出答案，或者在上课时用提问来打断教师的授课，或者在课堂上大声和同学说话。因为他是左撇子，所以他作业上的字迹都难以辨认。他变得越来越无法无天，而且当害怕受到父亲的惩罚时，他就会撒谎。起初，他父母决定把他留在学校继续学习，希望孩子有所改变，但不久之后他们不得不把他带走，因为老师认为他已经不可救药。

　　这个男孩看起来活泼开朗，而且教师们都认为他很聪明。他从公立学校毕业后，必须参加入学考试才能上高中。考试结束后，母亲在考场外等他，他告诉母亲自己通过了考试。全家人都很高兴，于是决定一起去乡下度假。高中开学后，男孩会经常谈起学校里发生的事情。又到了新学期，男孩每天早上收拾好书包去上学，然后回家吃午饭。然而有一天，母亲陪他上学走了一段路，当两人一起过马路时，她听到一个男人说："这不是今天早上为我带路去车站的男孩吗？"妈妈问他那个男人在说什么，还问他早上有没有去上学。男孩回答说学校十点钟就放学了，看到有人问路，就顺便把他带到火车站。母亲不信他的解释，把这件事告诉了父亲。父亲决定第二天陪儿子去上学。第二天去学校的路上，父亲不断追问，终于得知，男孩没有通过高中入学考试，他从来都没上过高中，一直以来都在大街上闲逛。

为此，他父母请了一名辅导老师，男孩最终通过了高中入学考试，但他的行为依旧没有改善，仍然会扰乱课堂秩序。他甚至开始小偷小摸。他偷了母亲的钱，被发现后却极力否认，当父母威胁报警时才乖乖承认。这是很可悲的一个案例，我们看到的是一个被忽视的孩子。那位傲慢自大、自认为能征服孩子意志的父亲，现在已经对孩子不抱任何希望。男孩也受到了惩罚，没人搭理他，没人跟他说话，也没人注意他。他父母也声称不会再殴打他。

当我们问"造成问题的原因从什么时候开始出现"，妈妈回答说："从他出生起就这样。"得到这样的回答时，我们认为母亲在暗指男孩的不良行为是与生俱来的，因为这对父母想尽一切办法纠正他，但都没有成功。

这个孩子在婴儿时期就特别焦躁不安，日夜哭闹。然而，所有的医生都说他很正常，是个很健康的宝宝。

事情并不像听起来那么简单。处于哺乳期的婴儿会哭闹是正常的。婴儿哭闹有很多原因，特别是如果他有一个没有任何经验的新手妈妈，会更容易哭闹。如果婴儿的尿布湿了，他就会哭闹，而新手妈妈并不总是知道这是由尿布引起的。那么当他哭的时候，母亲做了什么？她把婴儿抱在怀里轻轻摇晃，又给他喝奶。然而，她应该找出哭泣的真正原因，给孩子换尿布，等孩子感到身心舒适后，就不需要再关注他。那么孩子就会停止哭泣，也不会留下童年阴影。

男孩的母亲说，他在正常年龄就学会了说话和走路，没有遇到任何困难，他的牙齿也发育正常。但他有个习惯，就是玩具在他手上没待多久就会被毁掉。这种行为并不一定意味着孩子有不良的性格。值得注意的是，母亲说了这句话："让他持续专注在任何一件事情上都是不可能的。"这里我们要问的是，母亲应该如何训练孩子独自玩耍的能力呢？只有一个办法，那就是允许孩子在没有大人干扰的情况下做自己的事。我们怀疑这位母亲并没有这么做，她说的几句话都说明了这一点，例如，男孩总是让她做很多事情，他总是缠着她，等等。孩子的这些行为都是为了获得母亲的宠爱而做出的初次尝试，获得母亲的宠爱是他心灵卷轴上最古老的铭文，是他天生就会去做的事情。

这个孩子从来都没有自己独处过。

很明显，母亲说这番话是出于自我防御，推卸责任。

他从来没有独处过，直到今天他也不愿意独处，哪怕一个小时也不行。晚上他也从来不一个人待着，睡觉的时候都有其他人陪着。

这证明了孩子和母亲的关系非常亲密，他总是依赖她。

他从来都没有感受过害怕，直到现在，他都不知道恐惧是什么。

上面这句话挑战了心理学的常识，因为它与我们的发现并不一致。但如果做更仔细的考察，就可以得出解释。这男孩从来没有独处过，因此他没有必要害怕，因为对这样的孩子来说，恐惧是一种迫使其他人留在他们身边的手段。如果没有独处过，他就不需要感到害怕，但只有他一个人待着，他才会感到害怕。然而现在又出现了另一个矛盾。

他非常害怕父亲的藤条。这样看来，他好像又确实是体验过恐惧的感觉。然而，在被父亲打骂后，他很快就忘记了，又变得活泼起来。尽管有时被父亲打得很严重，他依旧如此。

在这里我们看到了不幸的对比：母亲对孩子俯首帖耳，而父亲声色俱厉，想纠正母亲的柔弱。由于父亲很严厉，孩子越来越偏向他的母亲。也就是说，他偏向那个骄纵他的人，偏向那个他可以从中轻易得到一切的人。

6岁的时候，他在教会学校里读书，并在牧师的监管下成长。从那时起，人们开始抱怨他过于活泼好动，焦躁不安，漫不经心。相比于对学业的抱怨，人们对他行为的抱怨要频繁得多。最引人注目的是他的焦躁不安。当一个孩子想要吸引注意力的时候，没有什么比焦躁不安更能达到目的。这个孩子想要得到关注。他已经对母亲的关注习以为常，眼下更重要的是在学校这个更大的群体里吸引其他人的关注。如果教师不理解他的目的，会在私下训斥他，试图纠正他的行为，而被训斥正是他所期望的。这个男孩知道，他必须为他竭力获得关注付出巨大的代价，而他已经习惯这种代价。他在家里挨的揍够多了，但他的行为仍然没有改变。那我们是否可以假设，学校较温和的惩罚方式会感化这个孩子？这是最不可能的。当他摆出高人一等的姿态去上学时，他就要对此进行补偿，而补偿方式就是成为人们关注的焦点。

父母想要改善他的行为，对他说：为了保证课堂有序进行，每个人都要保持安静。当一个人听到这样的陈词滥调时，他多少会怀疑父母的常识。这个男孩和大人一样，知道是非对错，然而他正忙于另一个完全不同的问题，那就是引起他人的关注。但在学校里，保持安静是得不到任何关注的。通过努力学习来获得关注也不容易。一旦我们意识到他的目标，就可以理解他的行为。显然，当父亲拿着藤条走过来的时候，男孩会安静一会儿。但是母亲说，父亲一离开，他就会变回老样子。他只把鞭笞和惩罚看作一种暂时的干扰，无法从根源上改变他的行为。

但他总是止不住发脾气。

儿童如果想要获得他人的关注，最明显的就是通过发脾气来达到目的。我们发现，发脾气是吸引关注最快速便捷的方法，同时它是由目标所决定的一种运动形式。例如，如果一个人想安静地躺在沙发上，就不需要发脾气。发脾气这个行为可以给我们暗示，使我们了解个体的目标。那么在这个案例中，发脾气就是想得到他人的关注。

他养成了把各种各样的东西从家里带到学校的习惯，然后用这些东西换钱，并用这些钱来款待他的同伴。当父母发现这一点后，每天上学前他都要被搜查一遍。最后他放弃了这个习惯，转而跑去戏弄他人和惹是生非。在遭到父亲的严厉惩罚后，他才改掉偷东西的陋习。

我们可以理解他戏弄他人的行为，这也是为了获得别人的关注。戏弄他人会让老师惩罚他，这样他可以向大家展示自己是凌驾于校规之上的。

他惹是生非的次数逐渐减少，但时不时会复发，变回老样子，结果他被学校开除了。

这证实了我们之前说的话。男孩拼命想要得到别人的认可，自然会在过程中遇到障碍，也开始觉察到障碍的存在。此外，考虑到他是左撇子，我们会对他的思想有更多的了解。我们可以推断，虽然他想避免困难，却总是无法逃离，同时缺乏解决它们的信心。但他越缺乏信心，就越想证明自己是值得被人关注的。他一直不守规矩，直到学校忍无可忍并开除了他。当学校有正当的理由，不允许学生打扰其他人学习时，开除这个学生似乎是唯一的方法。然而，若我们相信教育的目的是纠正缺点，那开除就不是正确的方法。男孩被开除后可以更轻易地获得母亲的认可，他也不必再在学校通过努力学习来证明自己了。

这里需要注意的是，在一位教师的建议下，这个男孩在假期期间被送到一个儿童托管中心。在那里，他受到了比在学校更严格的监管，这个尝试也以失败告终。但他的父母仍然是主要的监护人，男孩每个星期天都会回家，这使他非常高兴。然而，当不被允许回家时，他也不会闷闷不乐。这是可以理解的：他假装自己是个厉害的大人物，因此也希望别人这么看待他，所以不管事情多么令他感到不快，他都不介意挨打，不允许自己哭，也不允许自己显得柔弱。

他的成绩不是很差，因为家里有辅导老师。

我们可以得出结论，他在学习方面的独立性不强。辅导老师告诉家长，如果男孩能静下心来，他能学得更好。我们相信男孩具备学习能力，因为除了智力低下的孩子，每个孩子都具备学习能力。

他没有绘画天赋。

这一点很重要，因为我们从这个陈述可以推断出，他还不能熟练运用他的右手。

他的体育成绩数一数二。他很快就学会了游泳，而且根本不怕危险。

这表明他并没有彻底感到受挫，但他一直在把自己的勇气用在不重要的事情上，也就是用在那些他轻而易举就能做到，并且有把握获得成功的事情上。

他毫不害臊,尽管他被多次告诫过说话不要莽撞,但不管对方是学校门卫还是校长,他逢人就肆意透露自己的想法。

我们已经知道,这个男孩并不在乎明令禁止的规则,因此不能把他的毫不害臊视作勇气。许多孩子都很清楚自己应该和学校的教师和领导之间保持一定的距离。这个不怕父亲鞭笞的男孩,自然也不怕校长,他为了显示自己的重要性而说话放肆无礼。通过这样的方式,他达到了引起他人关注的目的。

他对自己的性别角色还不是很确定,但他经常说他不想成为女孩。

虽然这句话无法明显地看出他对自己性别角色的看法,但我们总能发现这类调皮的男孩会有贬低女孩的倾向。他们从这种贬低中获得一种优越感。

他没有真正的朋友。

这是可以理解的,因为其他孩子并不总是喜欢让他扮演领导者的角色。

他的父母还没有向他解释过有关性的问题。他的行为总是表达出统治的欲望。

我们费尽心思想要了解这个男孩的生活和心理，但其实他对这一切了如指掌。也就是说，他清楚地知道自己想要什么，但毫无疑问，他不知道自己无意识目标和其行为之间的联系。他不了解这种强烈的统治欲望的程度和根源。他想统治，是因为他看到父亲对家庭事务的统治。他越想统治，实际上变得越软弱，因为他必须依赖别人，而作为榜样的父亲是以独立个体的身份来统治家庭。换句话说，这个男孩的软弱助长了他的野心。

他总想挑起事端，即使对方是那些比他强壮的人。

这些更强大的人向他示弱是因为他们有强烈的责任感。这个男孩只有在自己可以放肆无礼时才相信自己。顺带一提，要让他摆脱这种放肆无礼并不容易，因为他不相信自己有能力学会任何东西，因此不得不带上放肆无礼的面具来掩饰自己的自卑。

他没有什么私心，对人还很慷慨大方。

如果我们认为他的慷慨大方是一种善良,就很难发现善良和他性格的其他方面有什么联系。要知道,一个人可以通过慷慨来显示自己的优越感。重要的是,我们要了解这种特质是否说明了对权力的渴望。这个男孩觉得这种慷慨代表着个人地位的提升,很可能他是从父亲那里学到了把慷慨作为炫耀的技巧。

他仍然会惹很多麻烦。他最害怕父亲,其次是母亲。他不会赖床,也不会表现出特别强的虚荣心。

这里说的只是外在的虚荣心,他内在的虚荣心是非常强烈的。

他已经改掉挖鼻子的陋习。他是一个固执的孩子,对食物百般挑剔,不喜欢蔬菜和肥肉。他并非完全不爱交际,但更喜欢和那些可以听他指挥的孩子一起玩,而且他非常喜欢动物和花。

对动物的喜爱实际上是一种对优越感的追求和对支配的渴望。这样的喜爱当然不会令人反感,因为这是与地球万物和谐相处的表现。然而对于这样的孩子,我们发现对动物的喜爱表达了他支配的愿望,总想让母亲围着他转。

他表现出强烈的领导欲望,当然并不是指他想要变得足智多谋，才华出众，他只是想要领导他人。他还发展出收集物品的倾向，但由于没有足够的耐心，所有的收集都是虎头蛇尾。

这类孩子的悲剧就在于他们容易半途而废，因为他们对完成一件事情所必须承担的责任感到害怕。

10岁以后，他的行为总体上有了改善。以前要想把他关在家里是不可能的，因为他总是想在街上逞英雄。他付出了巨大努力才改善了自己的行为。

如果我们限制孩子只能待在家里，反而最能满足他自我主张的强烈愿望，难怪他在家会更调皮捣蛋。应该在大人适当的看管下，多让他在街上玩耍。

回家后，他开始写作业，并没有表现要外出的愿望，但他总是想办法浪费自己的时间。

当我们把一个孩子限制在如此狭窄的活动范围内，而且还要在大人的监管之下学习时，孩子必然会出现不专心和浪费时间的问题。我们要给他活动的机会，让他和其他孩子一起活动，这样他就能融入同伴的社会生活中。

他以前很乐意去上学。

这说明他的老师待他并不严厉。在这样宽松的管教下，他可以轻易地逗英雄。

他过去总是弄丢课本。他不怕考试，总是觉得自己什么都会。

我们在这里发现一个相当普遍的性格特征。如果一个人在任何情况下都保持乐观，这其实说明他并不相信自己。这些人其实是悲观主义者，他们设法歪曲现实，并躲在可以随心所欲的幻想世界里寻求庇护；当遭遇失败时，他们不会感到惊讶。因为他们相信宿命，这使得他们看起来很乐观。

他的注意力很难集中。有些教师喜欢他，有些教师却很讨厌他。

不管怎样，性情比较温和的教师似乎比较喜欢他，他们对他的举止感到很满意。他也很少给这类教师捣乱，因为他们给他布置的都是简单的任务。像大多数被宠坏的孩子一样，这个男孩无法集中注意力，也没有养成集中注意力的习惯。直到6岁，他还觉得没有必要这样做，因为母亲已经照料好一切。生活中的一切都是事先安排好的，他就像被关在笼子里一样，不用操心外界的任何问题。他一旦遇到困难，就会发现自己没有为此做好准备。他没有学习应对困难的手段，对别人提不起兴趣，也难以和他人合作。他没有想要独立完成事情的欲望，也没有自信可以做到这点。他希望受万众瞩目，甚至希望可以不劳而获地达到这个目标，但他并没有成功扰乱学校的平静，也没有成功引起别人的注意，这使他的性格变得更糟。

他总是希望不用付出努力，可以轻而易举地获得成功，且不顾他人利益。这俨然已经成为他生活的主题，并表现在他所有的具体行为中，例如偷窃和撒谎。

显然，他在发展自己的生活风格过程中犯下了错误。他的母亲给了他发展社会感的刺激和动力，但不管是温和的母亲，还是严厉的父亲，都没有成功地让孩子在这方面有进一步发展。这个男孩的社会情感只局限在他母亲的世界里。在母亲面前，他感到自己就是众人瞩目的焦点。

因此，他对优越的追求不再指向对生活有益的一面，他追求优越是为了个人的虚荣。为了让他重新回到对生活有益的一面，他必须重新发展他的性格。我们必须赢得他的信任，他才会乐意听取我们的意见。与此同时，我们必须扩大他社会关系的范围，从而弥补母亲在他社交教育上的缺失。同时，他也要与父亲和解。我们要循序渐进地对他进行教育，直到他能真正理解过去生活风格的种种错误。如果他的兴趣将不再集中在母亲一个人身上,他的独立性和勇气就会增长,他会把对优越的追求转向对生活有益的一面。

案例二

这是一个10岁男孩的案例。

学校抱怨他的功课很差,他的学业水平比别人落后了三个学期。

10岁的年龄,他比别人落后了三个学期——我们猜测他智力低下。

他现在上小学三年级。智商测试得分为101。

从智商测试的结果来看,我们不能说他是智力低下的。那么他学业水平落后的原因是什么呢?他为什么要扰乱课堂秩序?我们看到他有对优越感的追求,也会做自己的事情,但他行为的总体方向是对社会无益的。他想要变得有创造力、积极活跃、成为人们关注的焦点,只是用错了方法。我们还能看到他在和学校对抗。他是一个斗士,把学校看作敌人,因此,我们可以理解他的知识水平为什么退化，因为学校的常规对于具有好斗性格的人来说是难以适应和服从的。

他不会轻易服从命令，就算服从也要拖拉。

这是很明显的事情。他的行动是经过精密策划的，也就是说，他表面上装疯卖傻，其实自有对策。如果他认为自己是一个斗士，那么他就必须抗拒命令。

他和其他男孩打架，他把玩具带到学校。

他想把学校当成自己的家，可以胡作非为。

他的口算能力很差。

这意味着他缺乏社会意识和与之相配的社会逻辑（详见第七章）。

他有语言缺陷，所以每周会去参加一次语言课。

这种言语上的缺陷不是由器官缺陷导致的。这个症状体现了他缺乏社会合作的精神，语言能力受阻表明了社会合作的缺乏，因为语言代表了合作的态度，个体必须与他人建立联系。依照目前的状况，这个男孩把这种语言缺陷当作斗争的工具。如果他从没想过弥补这个缺陷，倒也不是怪事，因为弥补这个缺陷相当于主动放弃吸引他人关注的工具。

当教师和他说话时，他的身体就会动来动去。

看起来他好像在准备攻击别人。他不喜欢教师跟他私下谈话，这样他就无法成为大家关注的焦点。如果教师说话，他就必须要听，在这种情况下，教师更像是一个征服斗士的人。

他的母亲（确切地说是继母，因为亲生母亲在他幼年时就去世了）只是抱怨他有点神经质。

神经质一词被神秘化，导致它可以掩盖孩子的很多缺点。

这个男孩是由两位祖母带大的。

一个祖母已经够糟的了，因为我们知道祖母通常会过分宠爱孩子。但她们这么做的原因值得我们深思。我们文化的缺陷就是认为，年长的女性没有任何价值。她们反抗这种观念，希望得到公正的对待。这是正当合理的需求。祖母想要证明她存在的价值,她的做法就是骄纵孩子,让他们对她产生依赖感。通过这种方式,她伸张了自己的权利,存在的价值也得到认可。

如果家里同时有两个祖母,那么不难理解它会演变成一场可怕的竞争。两个祖母都想要证明孩子更喜欢自己。自然地,在两个祖母争宠的情况下,孩子发现自己就像置身于可以随心所欲的天堂。他只需要说另一个祖母给了我这个东西,那么这个祖母就会给孩子更昂贵的东西来击败她的竞争对手。在家里,这个孩子就是众人关注的焦点,他把获得关注作为自己的目标。但是,他现在的学校里并没有两位祖母,只有一位教师和许多孩子。唯一能让他成为焦点的方法就是变得好斗。

和祖母一起生活的时候,他在学校的成绩并不好。

学校并不适合他,他并没有做好上学的准备。学校是对他合作能力的测试,但他并没有接受过这方面的训练。母亲是最能培养孩子合作能力的人。

他父亲在一年半前再婚,接着孩子就与父亲和继母住在一起。

这个家庭处于困境之中。当继母或继父进入家庭时,就会开始出现麻烦,或者说加剧了之前的麻烦。继父母历来都是家庭的一个难题，至今都没有很好的改善方法，孩子尤其会受到影响。即使是最好的继母，孩子的麻烦也会日益显现。这样的问题并非无法解决，它只能通过某种方式解决，那就是继母和继父不应该强求得到孩子的喜爱，而应该尽力赢得孩子的喜爱。两个祖母使养育孩子的情况复杂化，也导致继母和孩子相处更难了。

继母刚到这个家庭的时候，她尝试变得亲切可人，竭尽全力去赢得那个男孩的信任。这个男孩还有一个哥哥，他也是个让人头疼的孩子。

哥哥也是家庭里的一位斗士。同时，我们可以想象兄弟俩之间的激烈竞争只会让双方原本的斗争变本加厉。

这个男孩比较害怕父亲，会听从父亲的命令，但他不听母亲的话，因此母亲会向父亲告孩子的状。

这种做法实际上表明了母亲承认自己无法管教这个孩子，所以她只能让父亲来搞定孩子。如果母亲总是向父亲报告孩子的行为，当她用"我会告诉你父亲"这样的话来威胁他时，孩子就会明白母亲无法管教自己，她也因此放弃了这种做法。所以他们一有机会就对她发号施令。当母亲以这种方式说话和行事时，实际上表达了自己的自卑情结。

如果男孩保证守规矩，妈妈就会带他出去玩，给他买东西。

这位母亲正处于一个非常艰难的困境中。为什么？因为祖母使她黯然失色，孩子们都认为祖母才是更重要的人。

祖母只是偶尔来看望孩子。

一个只和孩子玩几个小时的人，很容易让孩子冲破家教的约束，变得无法无天，而所有烂摊子都由母亲收拾。

家里似乎没有一个人真正爱这个孩子。

看来大家不再喜欢他了。即便祖母之前非常纵容孩子，现在也变得不喜欢这个男孩了。

父亲会用藤条打他。

然而，藤条抽打也无济于事。这个孩子喜欢被表扬，如果受到表扬，他会感到心满意足。但他不知道如何通过正确的行为来赢得表扬。他宁愿直接要求教师表扬他,也不愿自己通过努力争取教师的表扬。

如果他得到表扬,他的表现会更好。

所有想获得关注的孩子都有这样的心态。

教师们不喜欢他,因为他总是郁郁寡欢。

这是他表现自我的最好手段,因为他是一名斗士。

这个孩子尿床。

尿床也表达了他想成为众人焦点的欲望。他不用直接而是用间接的方式去斗争。那么有哪些间接的方式呢?半夜迫使继母起来处理他的尿床,在夜里尖叫,该睡觉时反而躺在床上看书,早上赖床,养成不良的饮食习惯。总而言之,他总有办法让母亲不分日夜地绕着他转。尿床和语言障碍是他对抗外部环境的两个武器。

那位继母为了让他改掉尿床的坏习惯,在夜里叫醒他好几次。

因此，他的母亲在晚上要陪他好几次。所以即使是通过尿床这种方式，他也达到了被他人关注的目标。

其他孩子不喜欢那个男孩，因为他总想对他们发号施令。有几个弱小的孩子会试图模仿他的行为举止。

这个男孩其实十分软弱和受挫，缺乏应对困难的勇气。在学校，弱小的孩子都喜欢模仿他，因为他们认为这是弱势群体获得关注的正确方式。

相反，人们并不真的讨厌这个孩子，而且"每当他的作业被老师评为最佳时，其他孩子会为他获得的进步感到高兴"。

当他进步时，孩子们都很高兴。这说明教师教得好，他真正懂得如何激发孩子的合作精神。

他喜欢和其他孩子在街上玩球。

当他有把握获得成功和征服他人的时候，他就会与他人建立关系。

我们和这位母亲一起讨论了这个案例，并向她解释，她的处境很困难，因为她很难与孩子和祖母相处。我们还告诉她，这个男孩嫉妒哥哥，总是担心自己会落后于哥哥。在面谈的过程中，尽管我们告诉男孩，诊所里的人都是他的朋友，但他仍旧一言不发。对这个男孩来说，说话意味着合作。他想要斗争，所以认为说话还不如沉默。我们从他拒绝对自己的语言缺陷采取任何行动中，也可以看出他缺乏社会意识，不想与他人合作。

这些解释似乎令人吃惊，但实际上我们往往会发现，成年人在社会生活中也有这样的行为，他们通过沉默来相互斗争。之前我们遇到过一对夫妻，他们发生了激烈的争吵。丈夫大吼着对妻子说："看吧，现在你无言以对！"她回答说："我不是无言以对，只是不想说话！"

在这个男孩的例子中，他也只是"不想说话"。在面谈结束时，我们告诉他可以离开了，但他似乎不想离开。他对我们产生了敌意。我们告诉他讨论已经结束，但他仍然没有离开。我们让他下星期再和父亲一起来。

同时，我们对他说："你的沉默很符合你的行为风格，因为你总是喜欢和别人对着干。如果我们让你说话，你就沉默；当在学校应该保持安静的时候，你却用说话扰乱班级。你认为这种做法会显得你是一个英雄。如果我们告诉你，'你一句话也别说'，那么你就会说话了。我们只需要引导你，用反话问你问题就好了。"

显然,我们有办法让这个孩子开口说话,因为如果我们不让他说话,他肯定会回答这些问题。通过这样的方式,他会通过语言和我们合作。再过些时候,我们可以向他解释情况,让他相信自己的错误,并逐步改善自己。

应该记住的是,只要这样的孩子仍处于他过去习惯的环境中,他就没有改变自己的动力。母亲、父亲、祖母、老师、同伴,这些人都适应了孩子的生活风格,他对他们的态度也是一成不变的。但当他来到诊所,他面对的是一个新环境。这个环境对他来说越陌生越好,这样他在以前的环境中养成的性格特征可以被更清晰地展现出来。在这种情况下,我们最好跟他说:"你千万不要说话!"那时他肯定会说:"我就要说!"通过这种方式,我们无须跟他直接对话,他也可以放下戒心。

在诊所里,儿童通常需要站在一大群人面前,这会给他们留下非常深刻的印象。新环境让他们意识到:他们不仅与自己的小圈子有着密切的关系,其他人也会对他感兴趣,因此他们也从属于一个更大的整体。这使得他们比之前更想成为整体的一员,特别是如果我们邀请他们下次再来时。他们知道整个流程:我们会问问题,问他们近来如何,等等。有些人每周来一次,有些人每天来,他们来诊所的次数取决于案例的性质。我们会训练孩子如何与教师相处。孩子们知道在诊所里不会遭到指责、责备或批评,但我们会对他们的问题进行评述和判定,就像透过一扇打开的窗户看到房子里的所有事情。这一点令人印象深刻。如果一对夫妇在吵架，有人打开一扇窗户，争吵就会停止，情况会变得不一样。因为当一扇窗户被人打开，我们可以听到屋里的声音，屋里的人自然不想暴露出自己不良的性格特征。这是向前迈出的一步，当孩子们来到诊所接受咨询时，他们就已经取得了进步。

案例三

这是一个13岁半男孩的案例，他是家里的长子。

他的智商在11岁时达到了140。

因此，我们可以说这是一个非常聪明的孩子。

他进入高中第二学期之后，学业几乎没有取得任何进步。

我们从经验得知，如果一个孩子觉得自己很聪明，他会认为不需要付出努力就能获得成功。这样的思维往往导致他止步不前。例如，我们发现，处于青春期的孩子会感觉自己比实际要成熟得多。他们想证明自己不再是孩子，越是想要通过展现自我来证明自己，就越会在现实生活中遇到更多的困难。然后，他们开始怀疑自己是否真的像自认为的那样聪明。如果我们直接告诉一个孩子，他很聪明；或者告诉他，他的智商有140，这是很不明智的做法。父母和儿童都不应该知道自己的智商。这可能会导致聪明的孩子遭受失败，同时也充满了危险。对于一个非常有野心的孩子来说，如果他不确定自己能否用正确的方式取得成功，他就会寻找错误的方式去获得成功。这些错误的方式包括：变得神经质、自杀、犯罪、懒惰或浪费时间。儿童会千方百计地撒谎，仅仅是为了用无益的方式获得成功。

他最喜欢的科目就是科学。他喜欢和年纪比他小的孩子一起玩。

孩子喜欢和比自己小的孩子一起玩，是为了让事情更容易掌控，也是为了让自己获得优越感，成为其他小孩的领导者。如果孩子喜欢和年纪小的孩子交往，很可能这种态度是从父亲身上学来的，但这并非唯一的解释。然而，这种心理还说明了内心的软弱，因为孩子父性本能的具体表现之一就是排斥与年纪大的孩子玩耍。这种排斥是孩子有意识的行为。

他喜欢足球和棒球。

我们可以推测出他很擅长这两项体育运动。也许我们会听到他很擅长某些方面，但对其他事情不感兴趣。这意味着，只要他确信能获得成功，就会积极行动；只要他没有把握成功，他就拒绝参与。这当然不是正确的行为方式。

他喜欢玩牌。

这意味着他在浪费时间。

他把注意力都放在玩牌上，使得他不遵守日常惯例，比如早睡早起和按时做家务。

我们现在知道父母到底在抱怨这个孩子什么，这些抱怨都说明他的学习没有任何长进，他终日都在浪费时间。

他在婴儿期发展得很慢。2岁之后，他开始迅速发展。

我们不知道他为什么2岁前发展得这么慢，很可能是大人过度骄纵，导致他变成现在的样子。同时，父母的骄纵也可能导致这一点。被骄纵的儿童不愿说话，也不愿行动，因为他们喜欢让大人安排好所有事情，因此他们也没有机会在发育层面获得刺激和发展。但当他迅速发展时，唯一的解释就是他的发展得到了刺激。也许是某种强烈的刺激使他成为一个聪明伶俐的孩子。

他最突出的特点是诚实和固执。

仅仅知道他诚实，对我们来说是不够的。当然，诚实是良好的美德，也确实是一种优势，但我们不知道他是否利用这种诚实去肆意批判别人。诚实很可能是他自夸的一种方式。我们知道他喜欢领导和指挥别人，这种诚实可能是他追求优越感的一种表现。我们不确定如果当这个男孩处于不利的情况时，他是否还能坚守诚实的品格。至于他的固执，我们发现他希望按照自己的意愿来做事，喜欢变得与众不同，不受别人的领导和指挥。

他会欺负他的弟弟。

这句话证实了我们的判断。他想当领导者，因为弟弟不听话，所以他就欺负弟弟。这样的行为并非诚实的做派，如果我们真的了解这个男孩，就会发现他喜欢撒谎。他喜欢吹牛，说明他在追求优越感。这其实表现了一种优越情结，它清楚地反映出他内心有着深深的自卑感。因为别人对他的个人品质过分高估，内外的反差会使男孩感到羞愧，导致他会过分低估自己。同时，他又不得不通过自夸来弥补自我低估造成的心理失衡。过分赞扬孩子是不明智的，因为他会认为别人对他有过多的期望。当他发现自己难以达到这些期望时，他就开始颤抖和害怕，结果他的生活目标变成了隐藏自己的软弱感，他的行动都围绕着这一个目标。因此，他会欺负弟弟，做一些表面上显得自己很强大的事情。这就是他的生活风格。

他觉得自己不够坚强和自信，无法独立且妥善地解决生活中的问题，因此他沉迷打牌。哪怕他的成绩很差，但当他打牌时，没有人会发现他的自卑。父母会误以为他成绩差是因为他总是打牌，而不是能力问题。如此一来，他保全了自己的自尊和虚荣心。他也因此信以为真："是的，因为我喜欢打牌，所以我没有变成一个好学生。如果我不打牌，我会是表现最好的学生。但我就是喜欢打牌。"他对这样的解释心满意足，一想到自己有机会成为最好的学生，就备感安慰。

如果这个男孩不明白自己的心理逻辑，他就会自怨自艾，对自己和他人隐藏自卑感。只要一直这么做，他就不会有任何改善。因此，我们必须以非常友好的方式向他揭示他的性格成因，让他知道他是一个缺乏能力和自信的人。他表面上觉得自己很强大，只是为了掩饰自己的软弱和自卑。正如我们所说的，我们要以友好的方式沟通，不断地鼓励他。我们不应该总是表扬他，在他面前不断提起他的高智商。这种不断的提醒会让他害怕自己无法获得成功。我们很清楚，在未来的生活中，智商并不是最重要的。所有优秀的实验心理学家都知道，智商只能揭示孩子在测试中所处的现状，而生活太复杂，单纯的测试无法了解所有事情。高智商并不能证明一个孩子真的能解决生活中的所有问题。

这个男孩真正面临的困难是，他缺乏社会意识，以及他的自卑感。我们必须向他解释这些事情。

案例四

下面是一个8岁半男孩的案例。这个案例说明了儿童是如何被大人骄纵的。罪犯和神经质患者的主要构成人员就是被骄纵的孩子。我们这个时代最需要做的是停止骄纵孩子。这并不意味着我们不再喜欢孩子，而是不能再纵容他们。我们应该像对待朋友一样平等地对待孩子。这个案例很有价值，因为它描绘了一个被骄纵的孩子所具备的典型特征。

现有问题：这个孩子在每个年级都要复读一次，现在才上2年级。

一个入学第一年就要复读的孩子很容易被怀疑为智力低下，我们在分析时必须把这种可能性牢记在心。反过来看，如果孩子一开始表现良好,然后成绩突然下滑,那么我们可以排除孩子智力低下的可能性。

他的说话方式和婴儿一样。

他模仿婴儿说话是因为他想要获得大人的骄纵。他认为把自己变得像婴儿一样就能获得好处,这意味着他在头脑中设定了追求的目标。在这种情况下,为了达到自己的目标,他理性地制订计划,这排除了他智力低下的可能性。他不喜欢做学校的功课,因为他还没有为上学做好准备。因此,他在学校不按常规路线发展,而是通过与环境对抗和斗争来表达自己对优越感的追求。他为这种敌对态度所付出的代价就是不断复读。

他不服从哥哥的指挥,而且和哥哥打架打得很激烈。

因此我们看出哥哥对他来说是一个阻碍。由此可以假定,哥哥应该是个好学生。他唯一能与哥哥竞争的方法就是让自己变坏。同样,他幻想自己如果还是个婴儿,就能超越哥哥。

他在 22 个月大的时候才会走路。

他可能患过佝偻病。如果他是在出生 22 个月之后才学会走路,很可能在这期间他受到了大人的过度看护。在这22个月里,他的母亲一直陪伴着他。我们可以看到,器官缺陷会使母亲更加关注和宠爱他。

他很早就学会了说话。

现在我们可以肯定他不是智力低下。智力低下的孩子大部分都会在学习说话方面遇到困难。

这个男孩总是用婴儿的口吻说话。父亲对他非常慈爱。

父亲也很骄纵孩子。

他更喜欢母亲。家里有两个男孩,妈妈认为哥哥很聪明。这两个男孩经常打架。

这是家庭中手足竞争的例子。手足竞争存在于大多数家庭中,尤其会出现在家里的头两个孩子之间,但是一起长大的任意两个孩子之间通常都会发生竞争。孩子的竞争心理基于这样的事实:当另一个孩子出生时,第一个孩子就像被剥夺了王位,失去大人的宠爱。正如我们已经看到的(如第八章所示),只有当孩子为合作做好充分的准备之后,手足之间的竞争才能避免。

他算术很差。

对于被骄纵的孩子,算术是他们在学校里遇到的最大的困难,因为算术会涉及被骄纵的孩子所不具备的一种社会逻辑。

他的脑子一定有问题。

我们找不到证据。他的行为表明了他是个智力正常的孩子。

母亲和老师认为他有手淫行为。

这是可能的,大多数孩子都会手淫。

母亲说他眼睛下面有黑眼圈。

我们不能根据黑眼圈来得出他有手淫的行为,尽管人们普遍怀疑黑眼圈就代表了手淫。

他吃饭时非常挑剔。

这说明他总是想让母亲围着他转,甚至在饮食方面也要让母亲操心。

他怕黑。

怕黑也是孩子被骄纵的一个表现。

孩子的母亲说他有很多朋友。

我们相信这些朋友都是听他指挥的人。

他对音乐感兴趣。

如果我们研究音乐爱好者的外耳,会有很多启发,比如音乐人的耳朵曲线会更发达。当看到这个男孩的外耳曲线时,我们确信他有一对灵敏的耳朵。这种灵敏的表现之一就是喜爱和声,拥有这种敏感度的人可能在音乐训练方面会激发更大的潜能。

他喜欢唱歌,但他患有耳疾。

这样的人很难忍受日常生活的嘈杂声。在这群人中,耳朵受感染的可能性比其他人要大。听觉器官的形成是遗传的,这就是为什么音乐才能和耳疾会代代相传。这个遭受耳疾痛苦的男孩,他的家人中确实有几位颇具音乐天赋的人。

帮助这个男孩的正确方法,就是努力让他变得更自立。目前他尚未具备自力更生的能力，认为母亲要时时刻刻照顾和陪伴他。他总是希望得到母亲的支持，而母亲当然非常乐意给他这种支持。现在我们要放手，让他自由地去做他想做的事，也就是自由地犯错误。因为只有这样，他才能学会自力更生。他要学会不与哥哥争夺母亲的欢心。现在他和哥哥都觉得对方更获母亲的欢心，因此都在不必要地嫉妒对方。

　　尤其必要的是，我们要帮助男孩有足够的勇气去面对学校的生活。因为，我们可以想象一下，如果他不继续上学会发生什么。一旦离开学校，他就会走向对社会无益的一面。如果某天他逃课了，离辍学就不远了。然后他会离家出走，加入黑社会帮派。预防胜于治疗，与其以后要面对一个青少年罪犯，不如现在让他适应学校生活。学校对孩子是一个至关重要的考验，而他不准备用合作的方式来解决问题，这就是他在学校遇到困难的原因。但学校可以决定是否赋予他新的勇气。当然，学校也有自己的难题，也许班级人数过多，也许他遇到的教师在儿童心理辅导方面没有做好准备工作。这是事情的可悲之处。但如果这孩子能找到一个能适当激励和鼓舞他的教师，他就会重回正道，得到挽救。

案例五

这是一个 10 岁女孩的案例。

因为在算术和拼写方面遇到较大的困难,她被学校介绍到心理诊所接受咨询。

算术对于被骄纵的孩子来说通常是一门很吃力的学科。没有任何一条规则规定,被骄纵的孩子一定学不好算术,但在我们的经验中往往会发现这样的现象。我们知道左撇子儿童在拼写方面经常会遇到困难,因为他养成了从右向左看东西的习惯,所以也是从右向左进行阅读。他们的阅读和拼写都是正确的,只不过顺序颠倒了。通常人们不知道这些人的阅读方式是正确的,当他们看到左撇子的读写方式时便以偏概全,说他们无法正确地阅读或拼写。因此,我们怀疑这个女孩可能是左撇子。也许还有另一个原因造成她拼写困难。在纽约这座城市,我们还必须考虑这样一种可能性:也许她来自另一个国家,不太擅长英语。如果在欧洲,我们不必考虑这个问题。

女孩过往生活的重要转折点是,她的家庭在德国遭受了重大的经济损失。

我们不知道他们是什么时候从德国来到美国的。这个女孩也许曾经有过一段美好时光，但这种时光戛然而止，她突然被迫接受另一种生活方式。新环境就像一个考验，考验她是否在合作方面受过良好的训练，是否具有适应社会的能力和勇气，以及是否能承受贫穷所带来的负担。换句话说，就是她能否与他人合作。但从目前的状况来看，她无法很好地与他人合作。

她在德国的时候是个好学生，离开德国时正好8岁。

也就是说，她两年前离开德国。

她在学校的表现并不好，因为拼写很难，而且算术的教学方式跟德国的也不一样。

教师并不总是能够体谅到这一点。

她受到母亲的骄纵，同时也非常依恋母亲。她对父母双方有着同样的喜爱。

如果你问孩子"你更喜欢爸爸还是妈妈"，他们通常会回答："两个我都喜欢！"大人教他们这样回答这类问题。然而，有很多方法可以检验这个答案的真假。一个好的方法是把孩子放在父母之间，当我们和父母交谈时，孩子的身体会偏向她最喜欢的那个人。当父母待在一个房间时，也可以看到同样的事情：当孩子进来时，会主动去找她最依恋的那个人。

她有几个同龄的女性朋友，但并不多。她的早期记忆是，8岁时她和父母住在乡下，她经常和一条狗在草地上玩耍。那时他们还有一辆马车。

她记得家里以前很有钱，还记得家里的草地、狗和马车。就像一个曾经很有钱的人一样，她总是追忆那些拥有汽车、马匹、豪宅和仆人的日子。她对现状并不满意，对此我们很能理解。

她会经常梦到圣诞节，梦到圣诞老人给她带礼物。

她的梦境和现实生活传达着同样的人生观：她总想拥有更多，因为她有一种匮乏感，想要重获过去拥有的东西。

她经常倚靠在母亲身上。

这表明她很受挫，也表明她在学校遇到了困难。我们对她解释说，她的处境比其他孩子要困难，如果想要进步，她可以更努力地学习，并提升自己的勇气。

她又一次来到诊所,她母亲不在身边。她在学校的情况好转了一些,而且在家里一直是独自做所有的事情。

我们之前教导她要独立,不要依赖母亲,什么事都要自己完成。

她为父亲做早餐。

这表明她发展出合作的意识。

她认为自己在这次面谈中变得更有勇气,也更自在。

下次面谈时,她会把母亲带来诊所。

她和母亲一起来到了诊所,这是母亲第一次来这里。母亲之前一直工作非常辛苦,忙得走不开。她和我们说,这个女孩在2岁时被收养,女孩不知道这件事。在刚出生的前两年里,女孩先后在六个不同的地方待过。

这不是一段美好的经历。看来这个女孩在头两年受了很多苦。她之前可能遭受过大人的厌恶和忽视,被收养后才得到很好的照顾。因此,我们是在和一个经历过这些事情的孩子打交道。早期的糟糕经历在她的脑海中留下了无意识的印象，所以她更想待在目前对她有利的环境中。头两年的经历给她造成很深的心理阴影。

当母亲领养这个女孩时，有人告诉她必须对女孩严加管教，因为女孩出生于一个不好的家庭。

提出这个建议的人被遗传的观点毒害了。如果母亲真的听取了他的建议，严厉对待这个女孩，女孩会因此变成一个问题孩子。那么这个提建议的人会评判说："看吧，我是对的！"他不知道的是，他才是罪魁祸首。

女孩的亲生母亲很不好，养母觉得正因为这个孩子不是自己亲生的，所以自己对她负有更大的责任。养母有时还会打孩子。

女孩所处的环境不像以前那样有利了。养母有时不再骄纵她，反而对她进行惩罚。

这位父亲对孩子十分骄纵，她要什么就给什么。如果想要什么东西，她不会说"请"或"谢谢"，而会说"你不是我妈妈"。

这个女孩要么知道事情的真相,要么是碰巧说了这么一句直击要害的话。我们遇到过一个20岁的男生,他不相信现在的母亲是自己的亲生母亲,然而父母却发誓说这个孩子肯定不知道自己是收养的。但显然的是,这个男孩感受到自己不是亲生的。孩子可以从很小的细节中得出结论。在本节案例中,父母都说"这孩子不知道她是被收养的",但有时被收养的孩子确实能感知到真相。

她只对母亲说这句话,不会对父亲这么说。

因为女孩要什么父亲就给什么,因此女孩没有理由攻击父亲。

母亲无法理解女孩在新学校的变化。相比之前,她的成绩变差了,母亲不得不动手打她。

成绩不好让这个可怜的女孩觉得丢脸和自卑,然而妈妈还要揍她,这简直难以承受。不管是挨揍还是拿到糟糕的成绩单,她都会觉得难以承受。这是教师应该考虑的一个问题,他们应该意识到,糟糕的成绩单意味着孩子在家里会遇到更多的麻烦。如果教师知道母亲会因为糟糕的成绩单去殴打孩子,那么明智的做法就是应该避免给孩子糟糕的成绩单。

这孩子说她有时会情绪失控，突然大发脾气。她在学校变得焦躁不安，从而扰乱班级秩序。她认为自己必须永远得第一。

我们可以理解，在父亲的骄纵下，这个家里唯一的孩子养成了想要什么就有什么的欲望。我们也可以理解她想要得第一的心态。她过去曾生活在拥有乡村田地的富裕家庭中，而现在她的优势被剥夺了，导致她对优越感的追求变得更加强烈，但由于没有表达这种优越感的渠道，她只能陷入无法自控的境地，不断地制造麻烦。

我们向她解释，她必须学会合作。她变得焦躁不安是为了成为关注的焦点；大发脾气只是一个借口，好让每个人都关注她；在学校表现不佳，是因为母亲对她的成绩很生气，她在和母亲对抗。

她经常梦到圣诞老人给她送礼物。醒来后发现实际上什么也没有。

她总是想要在心中唤起"要什么就有什么"的感觉和情绪，然后"醒来却发现什么也没有"。我们不能忽视其中隐藏的危险。如果我们在梦中唤起了这样的感觉和情绪，醒来却什么都没看到，那么我们自然会感到失望。但梦境唤起的感觉与现实的感觉是一致的，也就是说，她的梦在情感上想要达到的目标并不是唤起拥有一切的奇妙感觉，而恰恰是唤起失望的感觉。正是为了体验失望感，梦才被创造出来去实现这个目的。抑郁症患者就会做这种奇妙的梦，但醒来后却发现事情完全相反。我们理解为什么这个女孩想要感到失望。她想要指责她的母亲，因为她现在的生活非常阴暗，她觉得自己什么都没有，而妈妈也不会满足她的需求："妈妈只会打我，只有爸爸什么都给我。"

我们总结这个案例可以看到，女孩总想要感到失望，这样她就可以理所当然地控告母亲。她在和母亲对抗，如果我们想停止这场对抗，就必须说服她，让她相信她在家里和学校的行为，以及她的梦都遵循着同样的错误模式。在很大程度上，之所以形成错误的生活风格是因为她在美国只待了很短的时间，英语没有得到很好的训练。因此，我们要让她相信，她能够轻易克服这些困难。尽管她故意把这些困难作为与母亲对抗的武器。我们还必须说服母亲，让她不要打孩子，以免给孩子找到对抗的借口。我们还必须让孩子认识到："我不细心，我控制不了自己，会发脾气，我这么做是因为我想给妈妈惹麻烦。"如果意识到这一点，她就能停止不良行为。只有在了解她的家庭生活、学校生活和梦中所有的经历和意义之后，她的性格才有可能改变。

这就是心理学。心理学就是理解个体对他的经历和所受到的影响进行了怎样的运用。换句话说，心理学就是要理解儿童的统觉，儿童会根据自己的统觉来采取行动以及对刺激做出反应。同时，心理学也意味着我们要理解儿童如何看待某些刺激、如何对它们做出反应，以及如何利用它们达到自己的目的。

图书在版编目（CIP）数据

儿童教育心理学/（奥）阿尔弗雷德·阿德勒著；
张婷婷译. —北京：中央编译出版社，2022.5
ISBN 978-7-5117-4116-5

Ⅰ.①儿… Ⅱ.①阿…②张… Ⅲ.①儿童心理学－
教育心理学 Ⅳ.① G44

中国版本图书馆 CIP 数据核字（2021）第 273881 号

儿童教育心理学

责任编辑	李媛媛
责任印制	刘　慧
出版发行	中央编译出版社
地　　址	北京市海淀区北四环西路 69 号（100080）
电　　话	（010）55627391（总编室）　（010）55627319（编辑室）
	（010）55627320（发行部）　（010）55627377（新技术部）
经　　销	全国新华书店
印　　刷	河北鹏润印刷有限公司
开　　本	889 毫米 ×1194 毫米 1/32
字　　数	148 千字
印　　张	7.75
版　　次	2022 年 5 月第 1 版
印　　次	2022 年 5 月第 1 次印刷
定　　价	49.80 元

新浪微博：@中央编译出版社　　微　信：中央编译出版社（ID：cctphome）
淘宝店铺：中央编译出版社直销店（http://shop108367160.taobao.com）（010）55627331

本社常年法律顾问：北京市吴栾赵阎律师事务所律师　闫军　梁勤
凡有印装质量问题，本社负责调换，电话：(010) 55626985